KADOKAWA

ともやん　　　学ぶ
テクニック編

ともやん 著

#バスケを楽しめ

プロローグ

僕は近畿大学附属高校で、スタメンのポイントガードでした。ウインターカップでベスト8まで勝ち進んだことで、いくつもの大学から推薦をいただきました。でも、大学で部活動としてバスケを続けることは、まったく考えていませんでした。

理由はシンプルです。有名になりたかったから……。

確かに高校の選手としては、多少は注目を浴びたかもしれません。でもそれは限られた世界の中でのこと。僕の思い描いていた「有名になる」というのは、「誰もが知っている有名人」です。それまでと

同じように4年間バスケットボールを続けても、有名になれるとは思えませんでした。そこで、部活動はきっぱりと引退して、大学生のうちに、別の角度から高校のウインターカップ以上の成果を出してやろうと決心したのです。

でも大学に入学してから1年間は、どうすればいいのかわからないまま過ぎてしまいました。何もない生活は、これほど虚しいものかと実感しました。高校までは毎日毎日バスケットボールをやっていたからなおさらです。

その間も「どうやって有名になろうか」ということは常に考えていました。あるときふと、そういえば昔、友だちとただ自分がおもしろいと思う動画を撮って遊んでいたなぁと思い出しました。自分が

Prologue

純粋に楽しめて、かつ有名になれる。これはユーチューバーになるしかないと思いました。

同じ頃、レイクレメンバーがツイッターでアホみたいな動画をアップしているのをたまたま目にしました。そのとき思ったのが「こいつら楽しそうやな」。メンバーとはまったく面識がないのに「ユーチューバーやろうよ。絶対に有名になるから」と声をかけたのです。いま考えると、赤の他人によくそんな馬鹿なこと言えたなと思います。でもレイクレメンバーは、みんな頭のネジが緩んでるんでしょうね（笑）、「いいやん、やろう」と二つ返事でした。いまではあれこれアイデアを出して、動画を撮影する毎日です。

気がつけば、チャンネル登録者数28万人を突破。

Prologue

でもまだまだ満足はしていません。旅の途中です。ただひとつ言えることは、勇気を出して行動してよかったということだけ。

この本の表の顔は、バスケットボールの技術書です。バスケットボールがうまくなりたいと思っている人に読んでほしい。そして実は裏の顔もあって、僕と同じように、自分のやりたいことに対して迷っている人の背中を押す指南書です。やりたいことをやってみたら、本まで出せる。そんなことを伝えられたらうれしいです。僕は、自分がやりたいことに、素直に本気で向かっている人の味方です。

ともやん

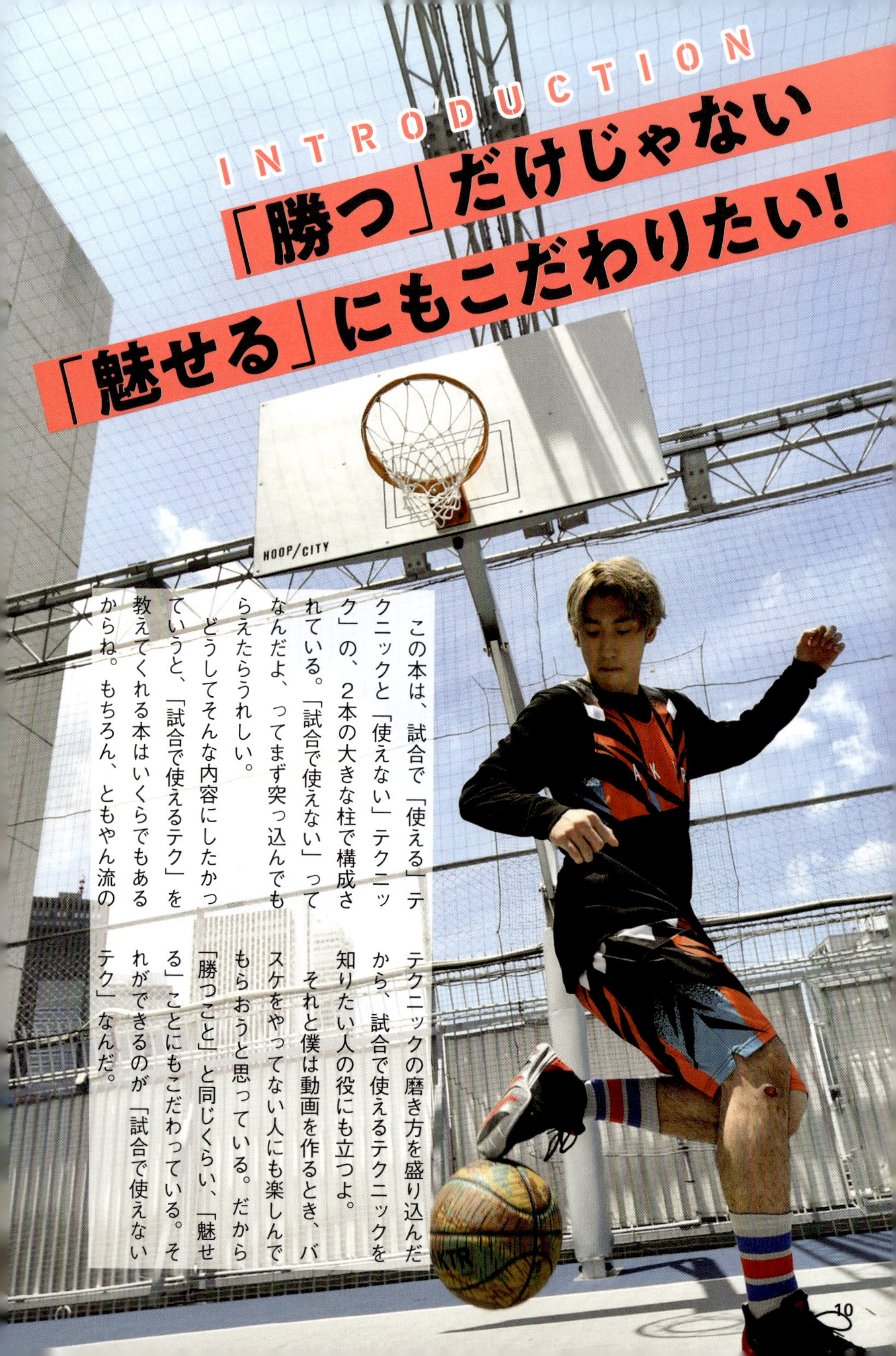

INTRODUCTION

「勝つ」だけじゃない「魅せる」にもこだわりたい!

この本は、試合で「使える」テクニックと「使えない」テクニック」の、２本の大きな柱で構成されている。「試合で使えない」ってなんだよ、ってまず突っ込んでもらえたらうれしい。

どうしてそんな内容にしたかっていうと、「試合で使えるテク」を教えてくれる本はいくらでもあるからね。もちろん、ともやん流のテクニックの磨き方を盛り込んだから、試合で使えるテクニックを知りたい人の役にも立つよ。

それと僕は動画を作るとき、バスケをやってない人にも楽しんでもらおうと思っている。だから「勝つこと」と同じくらい、「魅せる」ことにもこだわっている。それができるのが「試合で使えないテク」なんだ。

SPECIAL

レイクレ“ともやん”×大人気バスケ漫画“switch”

スペシャルコラボ漫画

どけどけー
ギャハハハハハハハハハ
ガキは
サルビアの蜜でも
すすってな!!
このコートは
オレたちの縄張りだ
うわー
逃げろー
家族経営

ポコ

パ
シ

バサ
いってー
誰だー

通りすがりの
ユーチューバーと
SNSでつながった2人だ
ほぼ初対面
みんなのコートを
独占なんて
見過ごせねーな!

けっ うるせー
ヒーロー気取りが

先攻は
くれてやる
来な!!

パシッ

打たすか
!!
サ

バシ
何!?

パサ

パシ

ダン
股抜き!!

ブン

バン
ボードに
当てた!

パシ

バシュ
オオッ

玉乗り!!
コロコロ

クルクル
ト
転び
フェイント

ヒュン
ヒュン
ヒュン
もはや
何やってるのか
分からん!!

いーけないんだー
いけないんだ
そんなことばっか
してたら監督に
絶対怒られるもんね！

じゃあ　しょーがない
必殺技を出すか

ザ
何

くらえ!!!

必殺

シンプルに上手い!!
基礎がしっかりしてるー!!
ボーン
うん！ いい天気
ちゅ

switch スイッチ を語る

週刊少年サンデーで人気急上昇中の『switch』と、ともやんとのコラボ漫画はどうでしたか？ 今回さらに作者である波切敦先生の特別インタビューが実現した。コラボ漫画をきっかけに『switch』を知ったという人は、ぜひ本編も読んでみてほしい。絶対におもしろいから!

キラキラとしたともやんが描けていたらうれしい

——ともやんを入り口に『switch』を知った、という読者がいるかもしれません。せっかくですので、波切先生のことから教えていただきたいのですが、まず漫画家になろうとしたきっかけは？

波切　クラスに1人くらい絵がうまい子っていますよね。僕のクラスには、僕ともう1人うまい子がいて「一緒に漫画家を目指そう」と言っていたのが「漫画家」を意識した最初のことですね。彼は頭がよかったので、いまは普通に真面目に働いています。

——きっと夢を叶えた波切先生をうらやましいと思っているでしょうね。先生はスポーツをテーマにすることが多いようですが、スポーツ経験は多いのですか？

波切　いえ、僕は学生時代は美術部でした。バスケットボールは友だちと休み時間にやっていたくらい。絵がやりたくて美術部に入ったのに、ろくろを回して壺を作らされていました（笑）。絵を描いたのは、最後に1枚だけという部活生活でしたね。

——それではスポーツと波切先生の作品の接点は？

波切　格闘技が好きで、よく観戦していたので、筋肉や身体を描くのが得意だったんです。読み切りのデビュー作『貫通』でボクシングを描いたのは、それが下地にあったから。それからは担当編集者さんにアドバイスをもらいながら、テーマを決めているという感じですね。

――そして今回ともやんとのコラボが実現したわけですが、元々ユーチューバーに対しては、どんな印象を持っていましたか？

波切 おそらく漫画家はみんなユーチューバーが嫌いだと思います（笑）。僕たちの仕事は人と会わないし、顔も表に出ない。有名になってちやほやされたいと思っても、握手も求められません。ところがユーチューバーは道を歩いていればJKに声をかけられて「一緒に写真を撮って」って言われて……。モテるんだろうなぁ。うらやましいなぁと（笑）。

――ともやんと実際に会ったときの印象は？

波切 カッコよかったですね。「自分が漫画になるなんてうれしいです」という言い方もさわやかだった。

――そのともやんを漫画にするときに気をつけたところは？

波切 顔の印象としては、鼻筋が通っていて、（市川）海老蔵に似ていると思いました。この鼻筋にはこだわろうと。それと肩幅や骨格が見た目以上にしっかりし

Special interview

漫画家

波切敦 × ともやん

ている。

——ともやんも「体幹は大事」と繰り返し言っていました。それ以外では？

波切　見た目以外でいえば、自信に満ちていて、キラキラしている。それでいて嫌味な感じはまったくない。そんなところまで漫画に出せたらと思いましたが、うまくいっていたらうれしいですね。

——ストーリーについては、どのように考えましたか？

波切先生は、ともやんとのコラボ以外にも、テレビゲームやウインターカップ2018のポスターイラストの描き下ろしなど、様々な企画に挑戦している

波切　『switch』のキャラクターたちと、ともやんさんが演劇をしているというか、漫才をやっているというイメージでやろうと。本編ではできないことができるので、楽しかったです。

——週刊の連載など、お忙しいスケジュールの中で大変だったと思います。

波切　1週間のうち3日間はネーム（下描き）、4日間は原稿を描いています。ほとんど出版社にいて、夕食だけは自宅に食べに帰るというような生活です。ちょっと前のことですが、うちの子に「じゃあ、お仕事行ってくるね」と言ったら「え〜もう帰っちゃうの？」と（笑）。これはショックでしたね。それでも1週間がんばって、納得できる絵とストーリーが描けたときは「よし、次も」と思います。

——バスケットボールを描くときの難しさはどんなところですか？

波切　空中で体幹が崩れていないように見えるバランスで描くのって意外と難しいんですよね。この体勢で、空中でバランスが保てているということは、こちらの足は前か後ろか、じゃあこっちの足は上か下かといったところ。もっと言えば、上げた足のシューズ裏がどこまで見えているか。そんなに大きな違いじゃないかもしれませんが、バスケットボールをわかっている人

が見ると「おや?」と感じてしまうかもしれません。気を使うところですね。

——迷ったときには、何を参考にするのですか?

波切 担当編集者さんがバスケガチなので、ボールの持ち方といった初歩的なことから、ひとつひとつアドバイスをもらっています。写真も参考にしますし、実際に試合を観戦しに行くこともあります。そして毎週毎週、試行錯誤しながら、という感じですね。今回も「テクニック編」で撮影した写真素材を見せてもらったのですが、とても助かりました。本ができたら『switch』を描くときの参考にしちゃうでしょうね。

——最後に『switch』の今後の展開について教えてください。

波切 まず注目してほしいのは、東京都大会のベスト4から出てくるキャラクターたち。このキャラクター作りには力を入れました。どういうキャラクターが出てくるかによって、どういう試合になるかが決まってきます。つまりストーリーを左右することになりますからね。

——個性的なキャラクターはどうやって作るのですか?

波切 観戦に行ったときに印象に残った選手は、参考になりますね。バスケットボールだけじゃなくてサッカーの日本代表選手なども個性的でおもしろいですよね。スポーツ以外では、以前働いていた職場の怖かった先輩なども(笑)。そういったキャラクターたちの成長物語としても楽しんでほしいです。自己啓発によってメンタルが強くなる。それがゲームに表れて勝利を収める。それを描くためにも、いろいろな本なども読んでスポーツ心理学も勉強していきたい。なかなか時間がなくて、買っても読めないことが多いんですけど。

——お子さんと遊ぶ時間も大事ですしね。

波切 「高い、高い」してあげないと忘れられてしまう(笑)。

PROFILE 波切敦 ATSUSHI NAMIKIRI

2017年、『ガリバク合気』で第79回小学館新人コミック大賞佳作を受賞。2017年、少年サンデー41号に読切『貫通』を掲載。2018年、少年サンデー11号に読切『トリックショット』を掲載。2018年、少年サンデー20号より『switch』を連載。『switch』第5巻に掲載された、ともやんとのコラボ漫画も話題。

#バスケを楽しめ

Contents

ともやんと一緒に学ぶ
テクニック編

PART2

試合じゃ使えないけど…いいね！このテクニック 73

STREET SKILL

バスケの魅力は無限大！
やって楽しい、見て楽しい ともやんの神ワザ炸裂！ 74

PART3 バスケ部あるある

PART4 ともやんが、バスケの悩み解決します！

ともやんがガチで対戦！
この選手がヤバかった

PART1

Basketball
Lesson!

ともやんの真面目にバスケット講座

バスケを楽しむために！ ともやんの1on1スキル 6つのポイント

すべてのテクニックのベース

テクニックを磨くとき、動きやフォームをいくら練習しても、ベースがしっかりできていなければ、本当に使えるものにはならない。僕はテクニック向上の前提として、6つのポイントを押さえておかなければならないと考えている。

たとえば「体幹」。これは本当に大事。体幹が弱いと、動きが速くならないし、キレも出ないし、いいことはひとつもないと言い切れる。

ここで解説する6つは、すべてのテクニックのベースになるものだ。子どもの頃、砂場で山を作ったことはある？　高い山を作るためには、土台を広く固くしなければならない。それと同じ。

それじゃ、1つ目の「パワースタンス」から、**GO FOR IT！**

BASIC SKILL 01

パワースタンス

パワーをためておけるようにヒザを軽く曲げよう

当たり前のことなので、あいまいにしていない？ もう一度パワースタンスを見直そう

POINT❶

腰を落とす

ヒザを軽く曲げて、腰を落とす。このとき、お尻を軽く突き出すようにすると安定する

POINT❷

つま先とヒザを一方向に！

両足は肩幅か、それよりも少し広めに開く。ヒザが開いたり、内股になったりしないように注意

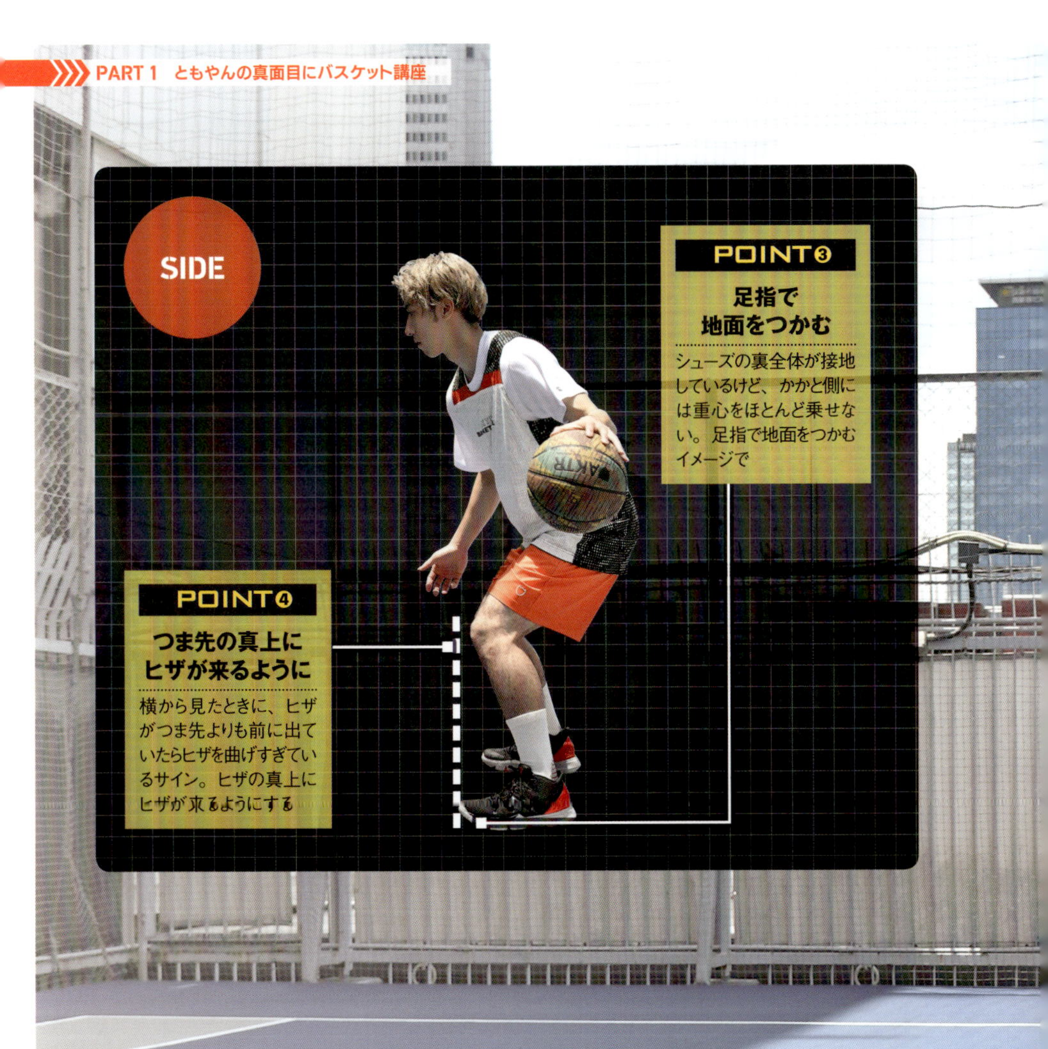

SIDE
POINT③
足指で
地面をつかむ
シューズの裏全体が接地しているけど、かかと側には重心をほとんど乗せない。足指で地面をつかむイメージで
POINT④
つま先の真上に
ヒザが来るように
横から見たときに、ヒザがつま先よりも前に出ていたらヒザを曲げすぎているサイン。ヒザの真上にヒザが来るようにする

どんな動作もココから始まる

パワースタンスとは、一言でいえば「一番パワーが出せる姿勢」のこと。止まっている姿勢からすばやく動き出したり、逆に走っているところから急に止まったりするためには、パワースタンスをキープしていなければならない。ヒザを軽く曲げておくのが、正しいパワースタンス。これはバネを縮めてパワーをためている状態だ。バネを解放すると勢いよく飛び出すように、すばやく動き出せる。

僕は小学生にバスケットボールを教えることもあるけど、パワースタンスができていない子も結構多い。当たり前のことなので、いつの間にかあいまいになってない？　もう一度パワースタンスから見直そう。

BASIC SKILL 02

体幹（体軸）

マッチョな身体はいらない！体幹を意識するだけでいい

胸、腹を引き締めて、内側にある内臓が揺れるのを止めるイメージで使う

POINT

上半身はぶれない

足を横へ大きく踏み出すと、重心が移動する。でも上半身は、一本の芯が通っているかのように固定しておく

もし上半身が重心移動とともに倒れてしまっていたら、それを立て直してから足を戻すことになる。そのぶん時間がかかる

上半身が安定する

「体幹が大事」と言われても、何をいまさらと思うかもしれない。でも本当にちゃんと体幹を使えている？体幹は内臓を揺らさないくらいの意識で使うものだと僕は思っている。内臓の揺れが振り子のように作用して、疲労が蓄積されていく。もちろん上半身を安定させるという目的もある。右にフェイクをして左から抜こうというのに、上半身が右に流れてしまったらすばやく切り返せないからだ。

高校時代に筋トレをやれと言われたけど、僕はやらなかった（笑）。体幹を使うためにマッチョな身体は必要ないと思っていたから。代わりに体幹トレは毎日やり続けた。そのやり方は次のページで紹介。

TOMOYAN'S CHECK

バスケに必要な体幹力を！

練習中に常に「体幹を使っている」という意識を持ち続けるだけで、バスケットボールに必要な生きた体幹が身につく。意識から変えていけば、同じ練習時間をより有効に使える

BASIC SKILL 02
体幹（体軸）

毎日継続してやっていた体幹トレ4種！

日常生活でも体幹を意識

僕がやっていた体幹トレは4種類だけ。筋トレはやらなかったけど、チームの練習の前に体幹を必ずやっていた。連続ですべてやると15分。これは絶対におすすめだ。体幹は練習前にやることに意味がある。まず体幹を使うことで、その後の練習でもそのまま体幹を意識しやすくなる。体幹を引き締めたまま、最後まで練習に取り組もうとしていたということだ。

体幹は日常生活でも意識できる。電車に揺られているとき、歩いているとき、座っているとき……。常に体幹を締めておけば、体幹を使うことが当たり前になるぞ！

TRAINING 01 身体を一本の棒にする

お尻が上がっても下がってもダメ。頭からかかとまで一本の棒のようにまっすぐにしたままキープする

4点支持でキープ！
両ヒジは肩の真下。両足は軽く開く。4点支持で静止する

TRAINING 02

ヒジと足の側面の2点支持

腰が落ちてくの字になったり、お尻が後ろに下がったりしやすい。しっかりと持ち上げた姿勢をキープする

左右とも2分間キープ！

肩の真下にヒジ！

ヒジは肩の真下になるように。下側の足の側面だけが接地する

TRAINING 03

より不安定なバランスに！

02の姿勢から上側の足を上げる。重心が高くなる分だけより不安定になる。ふらつきそうになるところをグッと我慢する

左右とも2分間キープ！

下半身を強化！

体幹と同時に、股関節や大腿筋などの筋肉も鍛えられる

TRAINING 04

体幹＋内もも強化！

03の姿勢から下側の足を曲げて浮かせて、上側の足の内側面が支点になるようにする。下の足も重力に負けずに太ももを閉じる

左右とも2分間キープ！

太ももの引き締めにも!!

股を閉じることで、内ももを引き締めるトレーニング効果も期待できる

一歩目の出し方

一瞬の瞬発力が決め手！50ｍ走が遅くても問題なし

第一に予備動作を削ること。第二に、両足の出力を使って一気に出ること

１００の力を１２０にする

バスケでは50ｍを速く走る必要はない。実際、僕は速くない。でも１対１で対戦した相手からは、一瞬のスピードが速いとよく言われる。速くないけど、速いと感じてくれているということ。その秘訣は２つある。

１つ目は予備動作をなくすこと。左へ抜くことが動作で読まれてしまったら足が速くても抜けないからだ。２つ目は走りの出力を増やすことだ。そのために両足を使うことがポイントになる。

1 予備動作をなくす

動き出す直前まで、相手に予測されるような予備動作はしない。動いたときは、すでに床を蹴っているときだ

POINT❶

動きの予測をされないように

左へ行くぞ！ という素振りをしてから走り始めたら予測される

3 出力を増やす

片足で床を蹴って走り出すのではなく、両足で蹴って出る。片足のときの出力が100なら、両足で蹴れば120になる

2 右足でも床を蹴る

右足をただ前に出すだけでは出力は生まれない。両足で同時に床を蹴って、さらに左足で加速させる

一歩で
ディフェンダーを
抜き去ろう

POINT 2

瞬発力を上げるには

出力が上がれば、瞬発力が上がる。さらに一歩の距離も大きくなる

OK

出力を増やすような走り出し

構えた姿勢を変えずに両足で床を蹴り出すことが、出力を増やす走り方だ

NG

踏み出そうとする足を引いてしまう

相手に悟られる動作のひとつが、出そうとする足を引くというもの。気づかないうちにクセになっていることも多い

BASIC SKILL 04

ドリブルは強く

ボールを手に収めている時間を長くできる

ドリブルを強く突けばいいことばかり。壁ドリブルでスナップ強化に励もう

手のひらに
吸い付かせる

1

肩くらいまで弾ませる

最低でも肩まで弾んでくるくらい強く。大きいものを小さくすることはできるけど、逆はできないということだ

POINT①

肩甲骨で突く

強いドリブルのためには、手首のスナップだけでなく、肩甲骨から突くことが大事だ

手のひらにあれば自在に動く

ドリブルは強く突くほどいい。ディフェンダーにスチールを狙われるのは、ボールが手から離れているときだが、ドリブルが強ければ、手から離れている時間は短くなり、戻ってくるときのスピードも速くなる。それは見方を変えれば、ボールを手に収めている時間を長くできるということでもある。ボールが手のひらにある間は、ドリブルのリズムを変えることも、前後左右へ動かすことも自由自在だ。

POINT❷

持ち替え時は注意

バウンドが強いので、ハンドリングミスをしやすい。ボールを左右に持ち替える際は注意

2

パワースタンスから左右へ突く

パワースタンスから右へ、左へドリブルを突き出して、強く突けているか確認

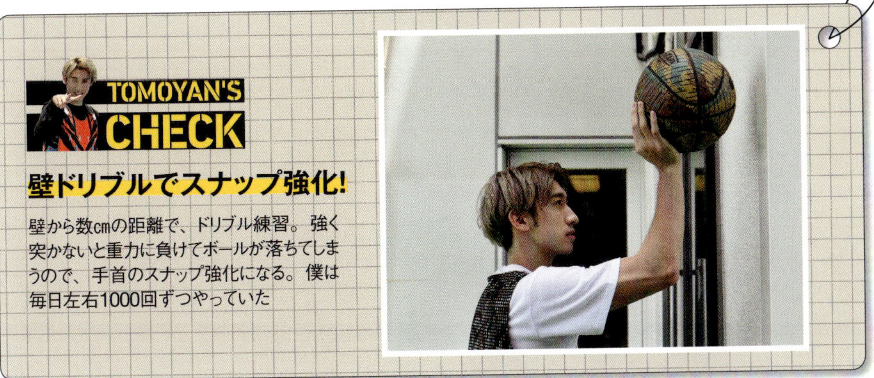

TOMOYAN'S CHECK

壁ドリブルでスナップ強化!

壁から数㎝の距離で、ドリブル練習。強く突かないと重力に負けてボールが落ちてしまうので、手首のスナップ強化になる。僕は毎日左右1000回ずつやっていた

チェンジオブペース

スピードの緩急をミックスして相手にスキを作らせる

ゆっくりした動きから一気にスピードを上げるのが基本。もちろん速い➡遅いもアリだ

1 ディフェンダーとの間合いを測りながらドリブル

2 いつでも加速できるぞ、と思わせる

5 加速するのは、ギリギリまで悟られないように

6 ここで一気に加速する

「緩」の幅を利用する

チェンジオブペースを日本語にすると「速度変化」。緩から急の変化で、ディフェンダーの不意を突いて抜こうというものだ。「緩」の時間には幅がある。緩めた直後に「急」にするのか、あえて間を空けてから「急」にするのかによって、自分独自のリズムを作り出せる。ポイントは一瞬でトップスピードに乗ること。一歩目は両足で蹴り出そう。相手が「やりにくい」と感じるリズムを身につけよう。

POINT❶

下半身の強さ

爆発的なパワーを生み出すためには、下半身の強さが欠かせない

3　ドリブルは強く、さらに間合いを詰めていく

4　いったんスピードを緩める。これが緩急の「緩」

POINT❷

一歩目を大きく

スピードと同じくらい歩幅も大事だ。大きく踏み出し、一歩でディフェンダーを振り切りたい

7　一歩を大きく、力強く蹴り出す

8　あとはさらにスピードを上げて行くだけだ

TOMOYAN'S CHECK

パワースタンスのまま加速する

スピードを緩めたときや、加速する直前に前傾姿勢にならないように注意しよう。前傾姿勢になれば、ディフェンダーに「何か仕掛けて来るぞ」と警戒されてしまう

フェイクのコツ

いくつかの動作がつながりできたものがフェイク

他の動作とまったく同じ形にすることで、ディフェンダーをどれだけだませるかを追求しよう

1 対面したときから、どうやって仕掛けるか、駆け引きが始まる

2 まずは軽くドリブルを開始する

5 「行くぞ」と見せかけて、行かない。右と思わせて左といった駆け引き

6 ここで一気に加速。チェンジオブペースも関係してくる

フェイクをあいまいにしない

フェイクは一連の流れとしてとらえがち。でも実際はいくつかの動作がつながってできたもの。このことが意識できていないと、フェイク全体があいまいなものになってしまい、ディフェンダーはだまされてくれない。フェイクを練習するときは、まず一連の動作を分解して、そのひとつひとつを徹底的に練習する。そして最後にそれをもう一度つなげる。こうすることで、組み合わせしだいで、いろいろなフェイクに応用できる。

仕掛ける直前のドリブルを少し強めに突いて、あえて相手を誘うのも有効

フェイクは目線や重心など、様々な要素が絡み合って成功する

あとはさらに加速していくだけだ

肩を入れて、一歩を大きく強く出す

TOMOYAN'S CHECK

「本物」と同じ動作のフェイクを

フェイクとリアルの動作をまったく同じにしなければ、ディフェンダーをだますことはできない。フェイクが「本物」に見えているか、自分の映像をチェックしてみよう

必殺技でズバッと抜く！
試合で使えるガチ
1on1テクニック

Lazy Lie Crazy
【レイクレ】
で観てみよう
※簡単且つバリバリ使えます
ともやんの
新クロスオーバー
教えます。
HOOP/CITY

繰り返すことで技術は磨かれる

試合で使える1on1テクニックは、あれもこれも手を出さず、まずは1つ、自分の必殺技になるまで磨くことをおすすめしたい。これが「ベストなテクニック」というものはないし、なんでもいいと思うよ。僕にとっての必殺技は「クロスオーバー」なんだ。

同じ相手と対戦すると、動きがバレてテクニックが通用しなくなることがある。だから、それ以上のスピード、キレ、パワーを身につけて、相手が歯が立たないと思わせるくらいまで高める努力をする。そして、また対戦したときに抜けない、次は抜く……。これを繰り返していくことで、テクニックは磨かれていくんだ。

それに必殺技があれば、その逆が楽々決まるようになる。クロスオーバーなら、インサイドアウトというようにね。

それじゃ、クロスオーバーからいこう。**GO FOR IT！**

GAME SKILL 01

クロスオーバー①

来るぞ！と思わせたら一歩で逆に切り返す

最初の抜こうとする動作を、いかにリアルに見せるかがカギ。そこから横幅を広く使う

POINT
足幅をできるだけ広く
フェイクした足の位置と、その足をクロスステップしたときの位置の横幅をできるだけ広くしたい
クロスオーバーとは!?
ボールを保持している側にドライブすると見せかけて、鋭く逆に切り返すテクニックがクロスオーバー

僕の必殺技！

僕が高校時代にあこがれたのが、アイバーソンのクロスオーバーだった。めちゃくちゃ速いし、幅が広い。どういう身体の使い方をしているのか、他の選手とは何が違うのかと思って、動画を5千回は見た（笑）。そして3年間ずっとクロスオーバーだけを練習していた。いまは僕の必殺技になっている！

アイバーソンの動画から学んだのは、最初のフェイクがリアルだということと、直後の切り返しの

一歩目で間合いを詰める

ディフェンダーとの間合いを詰めるために、抜こうとする側の足を前に出す

2

ボールを左斜め前から大きく動かす

間合いが狭い方が、次の一歩でディフェンダーの近くを抜ける

3

後ろの足は動かさない

フェイクした足をクロスステップするとき、後ろの足は動かさず余計なステップを入れない

ボールを持ち替えて一気に加速

低い位置でボールを持ち替えて、加速する。ハンドリングミスに注意しよう

スピードがハンパじゃないということ。だからディフェンダーは何度でも引っかかるんだ。

GAME SKILL 02

クロスオーバー②-1

リアルに見せる秘訣は「ポケット」にあり

ボールを身体のわきに抱えるようにするのが「ポケット」というテクニックだ

1 ボールをわきの下まで引き寄せる

フェイクを仕掛ける方の足を踏み出すとき、ボールをわきの下まで引き寄せる

ディフェンダーに
加速してくると
思わせよう！
START

POINT

ポケットを広く

ボールをわきに抱えたところから斜め前に押し出す。この幅を大きく広く！

肩甲骨から動かす

抜くためのフェイクをするときに、ボールを身体のわきに抱えることを「ポケット」という。そこからボールを前に押し出すことで、それを見たディフェンダーは「抜かれる」と思って動く。その瞬間にボールを手繰(たぐ)り寄せるようにしてクロスオーバーをする。ポケットを作るときに大事なのが肩甲骨。ヒジを後ろに引いたときに、肩甲骨から動かせば、ボールを押し出す動作を大きく見せられる。

ボールを大きく前に押し出す

ボールをできるだけ大きく前に押し出す。このとき手首を鋭角に曲げて、ボールの向こう側に引っかけるようにする

ポケットを作りボールを押し出す

ポケットを作って、ボールを押し出して、クロスオーバー。これを繰り返す練習をしよう

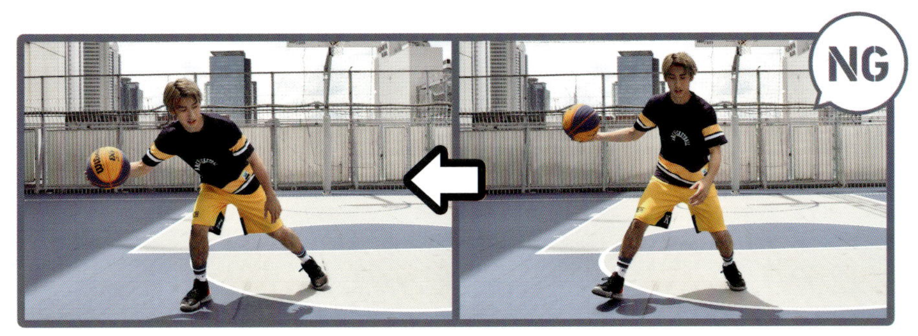

身体の軸を倒さない

フェイクをしたときに身体の軸が倒れてしまったら、すばやく戻れない。体幹を締めておくことが大切だ

POINT❶

ステップの横幅を広く

フェイクを仕掛ける足は、できるだけ前に出して間合いを詰めながら、さらに横にも広く出して、ディフェンダーを大きく動かしていこう

「フェイクのリアルさ」「横幅の広さ」「スピード」で極める

3つのコツで極める

クロスオーバーを成功させるために、大切なことは3つ。それをしっかり整理して、頭に入れながら練習に取り組もう。

まずはフェイクのリアルさ。ポケットを作って、ドリブルをするぞと見せること。次にフェイクしてから、次のクロスステップの横幅を広くすること。フェイクでどれだけディフェンダーを横に振れるかがカギになる。

最後にスピード。せっかくディフェンダーがフェイクに引っかかったのに、クロスオーバーにスピードがなければ追いつかれてしまう。

この3つに注意しながら、僕が得意なクロスオーバーをみんなにも極めてほしい。

POINT③

身体の軸を安定させる

クロスオーバーの間、重心は横へ前へと大きく動く。でも身体の軸は一本の芯を通したままをキープする。流れてしまうと、スピードもキレも出ない

POINT②

スピーディな切り返し

クロスオーバーの間にドリブルはこの1回だけ。切り返したらこのドリブルをできるだけ速く、強く突くことで、一気にディフェンダーを置き去りにできる

TOMOYAN'S CHECK

下半身を「ロック」する

切り返すときは、下半身を「ロックする」イメージだ。下半身をロックしたまま、横へ強く大きく蹴り出そう

腰の高さは一定をキープ

腰の高さが、上下動するのはよくない。重心が波打てば、それだけ時間がかかってしまうからだ

GAME SKILL 03

レッグスルー

レッグスルーで終わらない！次の仕掛けのきっかけにする

レッグスルー単独で、ディフェンダーを抜くのは難しい。リズムに変化をつけて、次につなげる

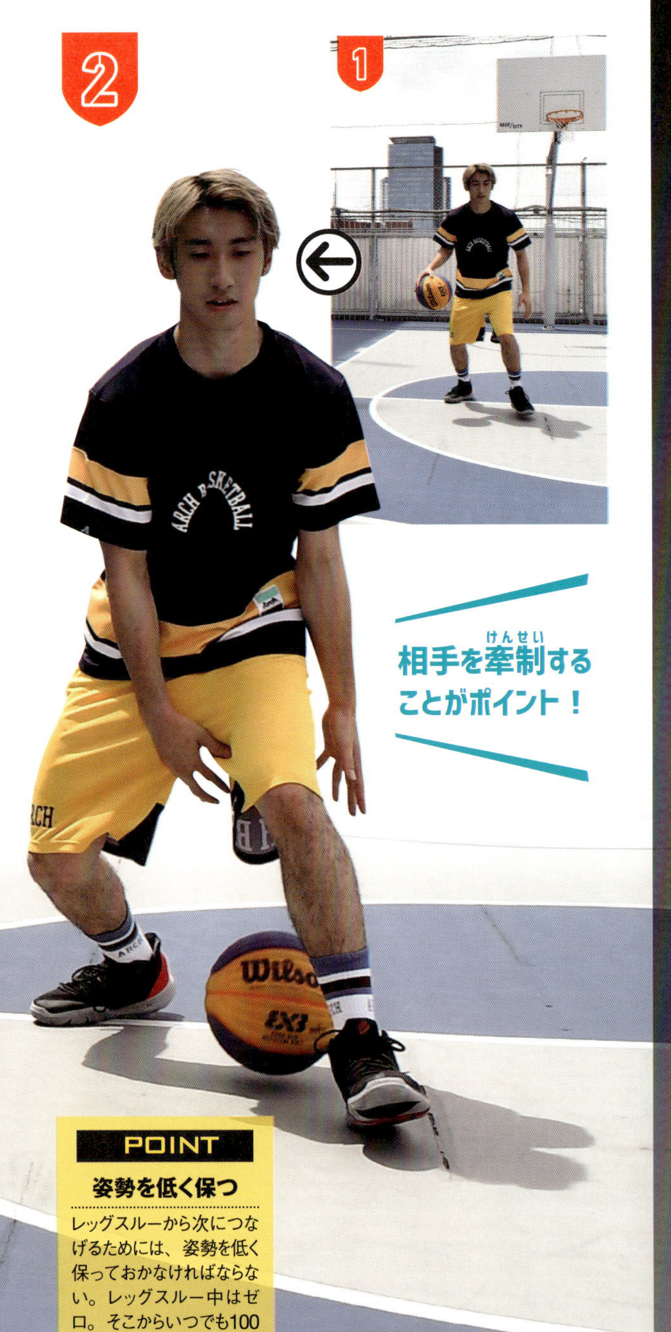

相手を牽制(けんせい)することがポイント！

POINT

姿勢を低く保つ

レッグスルーから次につなげるためには、姿勢を低く保っておかなければならない。レッグスルー中はゼロ。そこからいつでも100に上げられるようにしよう

レッグスルーが終わってもパワースタンス。そしてポケットへボールを運べば、次にどんな技にもつなげられる

NG

レッグスルーで終わりではないぞ！

レッグスルーで腰が浮いてしまったら、次ぎの動作へつなげられない。パワースタンスをキープしよう

マヨネーズのような存在

レッグスルーは、股下を通してボールを右から左へ、左から右へと動かすテクニック。ディフェンダーが手を出してきても、スチールされる心配はほとんどない。安全に相手の意識を左右に振れる。ドリブルのリズムに変化をつけたいとき、ディフェンダーの反応を探りたいとき、いろいろな場面で使える便利な技だ。

僕にとっては、マヨネーズのような存在。何にかけてもおいしくなる（笑）。嫌いな人もいるのかな。それはさておいても、レッグスルーから何でもできる、というくらい自在にできるようにしておいて、いろいろな技につなげていこう。

GAME SKILL 04

レッグスルー➡クロスオーバー

レッグスルーで一度スピードをリセットする

一連の流れとしてあいまいに練習するのではなく、一度それぞれを分解してから取り組む

3 **レッグスルーでリセット**
レッグスルーで一度スピードをリセットして、空中で自分の体勢を整える

6 **相手の逆を突く**
左に抜くと思っていたディフェンダーは、足がついてこない

1 **間合いを測る**
まずは基本のパワースタンスで、お互いの間合いを測る

2 **探りながらレッグスルー**
いくぞ、いくぞという探りを入れているところから、レッグスルー

4 **左を意識させる**
レッグスルーで右から左へ持ち替えた流れで、左へ抜くぞと見せる

5 **クロスオーバー**
ボールを斜め前に突き出すように見せてからクロスオーバー

おすすめのNo.1テク

僕が一番得意としているコンビネーション。ネタばらしをしちゃうと、「ここで1本決めたい！ここで勝負を決めたい！」というときには、これを使う。僕にとってはそれくらい自信がある、必殺技と言えるものだ。

まずレッグスルーで一度スピードをリセットすることが大切だ。ディフェンダーの動きを一度止めて、どう来るのだろうと次の展開を考えさせる。そして、この瞬間に体勢を万全にしてからクロスオーバー。止まったところからボールが動くので、ディフェンダーはそちらに引っ張られやすい。あとは華麗に突破するだけ。

GAME SKILL 05

ジャブステップ

目線、身体、足、ボールを進行方向の反対側に向ける

ジャブステップをしたときのディフェンダーの反応によって、次の仕掛けを変化させる

3 体幹意識が大事
体幹が使えていないと、上半身ごと持っていかれてしまう。重心は移動するけど、体幹は振られないようにする

仕掛けのきっかけ作りに

基本的なフェイクだけど、成功すれば簡単にディフェンダーをずらせる。とても便利で使い勝手がいい。行きたい方向とは逆に目線、身体、足、ボールを持っていって、ディフェンダーを誘う。このときにディフェンダーが動かなければそのまま抜いてしまえばいい。反応したらすかさず逆にクロスステップドライブだ。ジャブステップは仕掛けのきっかけ作りになる。

1 いつでもパワースタンスで

パワースタンスで、右にも左にもいつでも動き出せる状態を作っておく

2 すばやく大げさに動く

ジャブステップの動作は、すばやく、大げさなくらいがいい。身体の軸がぶれないように

4 右足で力強く戻る

体幹が使えていれば、右足で力強く蹴って逆へ切り返せる

5 フェイクを総動員

目線、重心移動、ボールの移動など、様々なフェイクの要素を総動員する

フェイクがあいまい

右足の勢い、ボールの位置、目線などフェイクにメリハリがないと、相手は引っかからない

切り返しのスピードがない

逆へ切り返すときの力強さもスピードもないので、相手に対応されてしまう

GAME SKILL 06

バックビハインド

重心が低くなり急激なストップが可能に

レッグスルーと同じように、安全に左右に動かせる。ただし重心は後ろに乗りがちになる

仕切り直しで使える技

身体の後ろにボールを通すのでフロントチェンジよりも安全。重心を低くするので、急激なストップができて、相手との間合いが空けば、有利な展開に持ち込める。

お尻の下を通して、左右へボールを動かすが、レッグスルーよりも重心が後ろに乗るのでスピードで仕掛けるのは難しい。むしろ仕掛けてはみたものの、相手を抜きることができない。そんな一度仕切り直したいときに使える技だ。

3 足を揃えてストップ
2歩目を1歩目の足に揃えて、ピタリと止まる

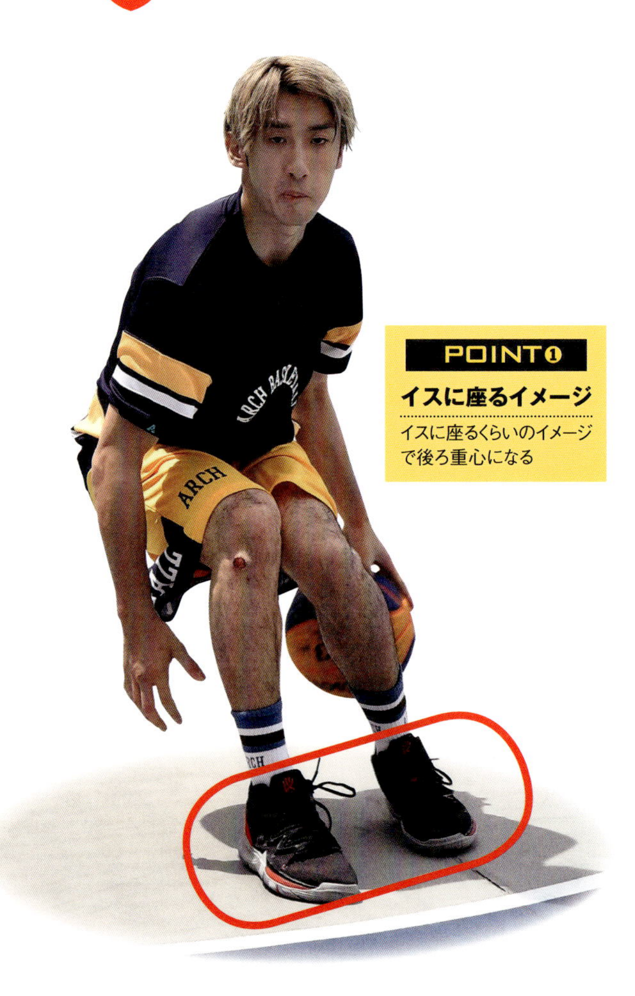

POINT❶
イスに座るイメージ
イスに座るくらいのイメージで後ろ重心になる

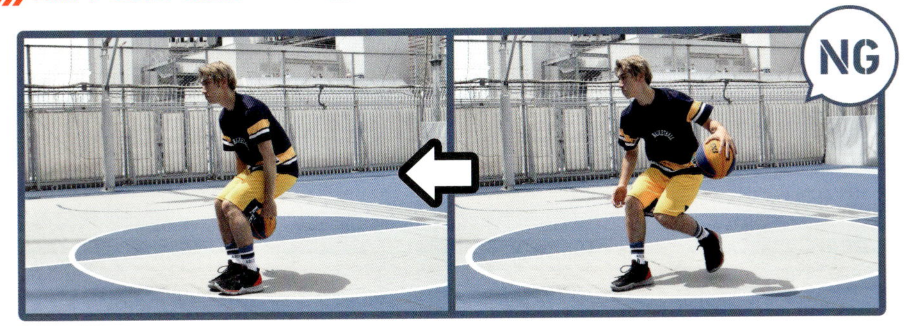

重心が後ろに乗りすぎ

バックビハインドで重心が後ろに乗りすぎると、次のプレーが遅くなってしまう。パワースタンスをキープすることを意識

ドライブを仕掛ける

スピードに乗ったドライブを仕掛けていく

1歩目でストップ

止まる直前に重心を後ろに残して、1歩目で急減速する

POINT❷

次の仕掛けへつなげる

急に止まったので相手との間合いを空けることもできる。次への仕掛けにつながるぞ

体勢を整える

バックビハインドで持ち替えたら体勢を整える

お尻の下にボールを通す

後ろ重心を保ちながら、ボールはお尻の下を通す

GAME SKILL 07

インサイドアウト

ギリギリで手首を内側に返す

切り返すふりをして、切り返さない。フロントチェンジをエサにして使うと効果的！

スピードに乗っても使える

フロントチェンジをするふりをして、ギリギリで手首を内側に返して外へ。次の瞬間、ボールと同方向へ抜き去る。他のフェイクと比べて、スピードに乗っているときも使いやすいのが特徴だ。ボールと手の動きだけでディフェンダーをだますのは難しいので、フロントチェンジすると見せる方へ、足と上半身も動かして、いかにも「こっちの方から抜くぞ」と見せかけるのがコツだ。

1 フロントチェンジ
左から右へフロントチェンジをして、そのまま右へ抜くと見せかける

4 さらに目線もフェイク
右足で力強く地面を蹴って、逆へ切り返す。目線は最後まで右に残しておく

手首を使って切り返し

ボールは左から右へ動いているが、手首だけはその逆へひねって切り返す

上体でも右へフェイク

右足はさらに右へ踏み出し、上体でも右へフェイクを仕掛ける

体幹の強さが必要

ここで上体が流れないように注意。体幹の強さが問われる

左へ一気に加速

あとは左へ一気に加速していく。両足で地面を蹴って飛び出すのが理想だ

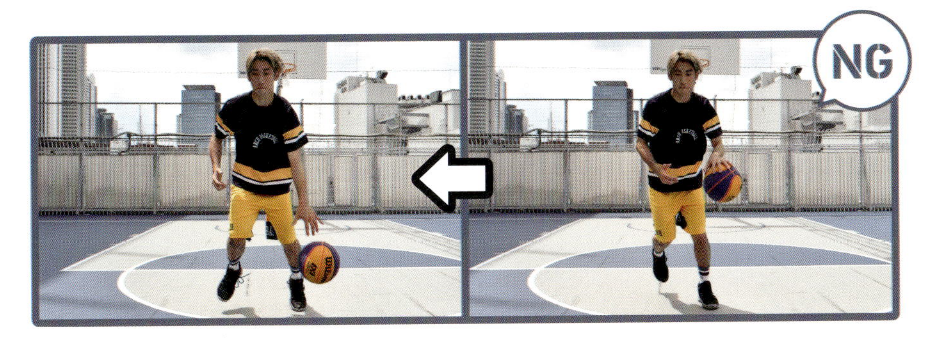

フェイクが小さくあいまい

ディフェンダーにフロントチェンジをすると思わせるだけの、はっきりとしたフェイクを見せよう。小さいと引っかかってくれないぞ

GAME SKILL 08

ダブルレッグスルー

一度目で腰が浮いたのが見えたらダブルで仕掛ける

レッグスルーだけで抜くのは難しいが、ダブルで仕掛ければ抜けることもある

3 → レッグスルーが終わって、一度スピードがゼロの状態になる

4 → 相手がまだ我慢してしっかりとついてきている

7 → 相手がズレたらすかさず仕掛ける

8 → 両足で床を蹴って、一気に加速していく

ディフェンダーの重心を見る

レッグスルーをきっかけに様々な仕掛けができるようにしておけば、相手はレッグスルーそのものを警戒する。それを逆手に取ったのが、このダブルレッグスルー。

レッグスルーを見せたときに相手の腰が浮いたら、ダブルで仕掛けてそのままドライブだ。レッグスルーの最中は、常に相手の重心を見るクセをつけておくことによって、他の場面でも応用が利くようになる。

どんなときもパワースタンスで、
相手と間合いを測るのが基本

最初のレッグスルー。このとき相手の
反応をよく見ておく

重心や目線で左へ行くぞ、
というフェイクを入れる

ここでもう一度レッグスルーを
入れて、スピードをゼロにする

TOMOYAN'S CHECK

誘い、観察するためのレッグスルー

レッグスルーは、仕掛けるぞと誘ったり、反応を観察するための、つなぎにできる便利なテクニックだ。2回じゃなく、3回、4回と連続して繰り返してもいい

GAME SKILL 09

レッグスルー➡インサイドアウト

レッグスルーから派生するインサイドアウトのパターン

レッグスルーからのパターンのひとつ。自分のリズムを作ってから、インサイドアウトでズラす

3 ボールを移動させながら、相手の重心などをチェック

4 ディフェンダーの重心が右に乗っていると判断

7 手首を使って、ボールを右へ切り返す

8 両足で床を蹴って、一気に加速する

ディフェンダーの逆を狙う

レッグスルーをきっかけにした数多い派生技のひとつ。レッグスルー➡クロスオーバーと対になる位置づけだ。

これもレッグスルーによって相手を自分のリズムに引き込むことが成功の秘訣だ。レッグスルーで自分の姿勢をリセットするときに、ディフェンダーがクロスオーバーを警戒していると感じたら、すかさずインサイドアウトだ。

例によって、パワースタンスで
間合いを測る

相手の反応を探るための
レッグスルーを入れる

レッグスルー終わりで、一度スピード
をゼロにリセットする

フロントチェンジに見せる
インサイドアウトのフェイクを

TOMOYAN'S CHECK

レッグスルーで一瞬の間を作る

レッグスルーは「間」を作り出せる便利なテクニックだ。仕掛けるぞ、という速い動作から、レッグスルーで一度「緩」を入れるからこそ、次の「急」が利く

GAME SKILL 10

ドライブ➡ストップ➡シュート

最初のドライブを100の力で仕掛けていく

100のスピードで仕掛けることが大事。相手が抜かれるのを嫌がったら、すかさずシュートだ

100のスピードでドライブを仕掛ける

ドライブで仕掛ける

ここで「抜かれるかもしれない」と、相手に思わせることが大事

一歩分戻ってシュート

何らかの仕掛けによって、ドライブをしてからの選択肢のひとつ。成功させるには、最初のドライブのときに100の力でドリブルしていることが大前提になる。100から0にするからディフェンダーは対応できない。ドライブのときから力をセーブしていると、ストップにも対応されてしまうので、ディフェンダーにブロックショットを決められてしまうので注意する。

後ろの足を軸にして、前足を一気に戻す

一瞬にして一歩分のスペースができている

相手がついてくる前にシュートを打つ

一歩でピタリと止まる。このときの歩幅が後ろに戻る幅になる

POINT

ストップで一歩分戻る

ドライブの最後の一歩は、後ろ足を残しておく。その足を軸にして前足を戻せば、ちょうど一歩分ディフェンダーとの距離を空けられる

TOMOYAN'S CHECK

反応してきたらインサイドアウトへ

シュートモーションに反応してきたら再びドライブ。その選択肢を残しておくためにもギリギリまでよく観察しよう

GAME SKILL 11

レッグスルー➡バックビハインド

スピードをゼロにしてから仕掛けのリズムを変化させる

レッグスルーとバックビハインドで、自分のリズムを作ってから、一気にスピードに乗る

リズムを変えて抜き去る

仕掛ける前のリズム作りのパターンのひとつ。レッグスルーで一度スピードをゼロにする。

レッグスルーからは、クロスオーバーやインサイドアウトとのコンビネーションが強力なので、ディフェンダーもそれらを意識してしまう。その心理を利用して、バックビハインドでリズムを変化させる。リズムが変わった次の瞬間に抜き去るテクニックだ。

3 一度スピードをゼロに
ここで一度スピードをリセットする

6 逆を突かれた相手を抜く
慌てて守ろうとするディフェンダーを抜き去る

1 パワースタンスでリズムを作る

これも仕掛けるときはパワースタンス。すべての基本だ

パ2 レッグスルーを入れる

自分のリズムに引き込むイメージで、レッグスルーを入れる

4 意表を突くバックビハインド

レッグスルーからなにか仕掛けてくるぞ、と思わせておいてバックビハインド

5 隙を逃さず仕掛ける

ディフェンダーは思わず気を抜く。その一瞬を逃さずに一気にスピードアップ

TOMOYAN'S CHECK

バックビハインドでもパワースタンス

バックビハインドは後ろ重心になりがち。スピードアップに時間をかけないためにもパワースタンスをキープしよう

GAME SKILL 12

クロスジャブ

フェイクをかけつつ突破方向にボールを残す

ジャブが中途半端では成功しない。「抜くぞ」というフェイクを、身体、ボールでしっかりと見せよう

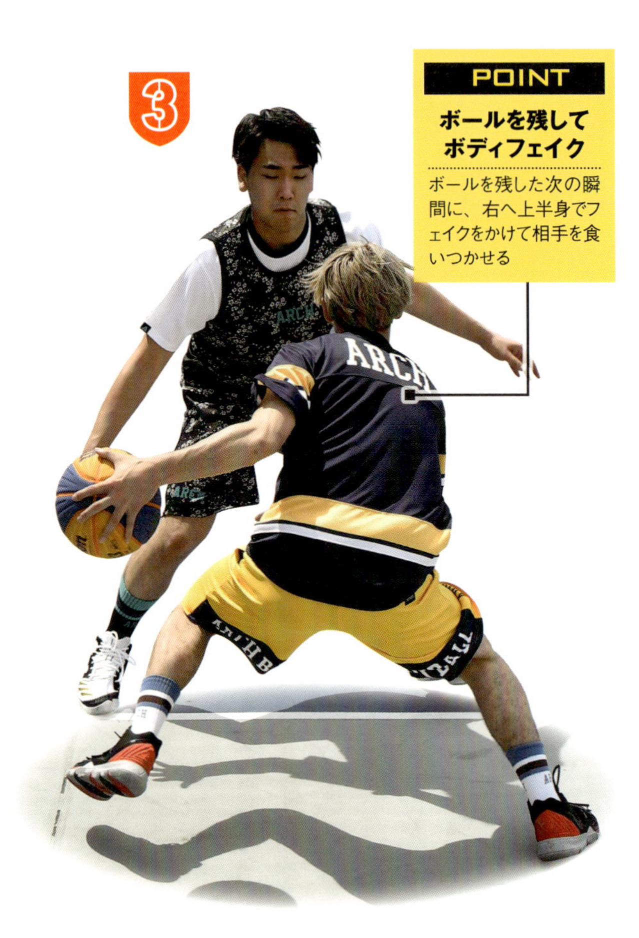

3
POINT
ボールを残してボディフェイク
ボールを残した次の瞬間に、右へ上半身でフェイクをかけて相手を食いつかせる

ディフェンダーは身体につられる

ボールの動きと身体の動きのずれにディフェンダーは戸惑う

身体の向きとは逆へ抜く

フェイクをかけようとする方向へ、ステップして抜こうと見せかける。この直前にボールだけは反対へフロントチェンジしておく。ディフェンダーが身体の動きに反応したら、次の瞬間、ボールの位置まで身体を一気に持っていくのがクロスジャブだ。

ジャブステップがボールと身体とステップが同方向だったのと比べると、クロスジャブは見た目にもカッコいい技だ。

何かしてくると思わせる
仕掛けるぞ、という雰囲気を持って間合いを詰めていく

ボールと身体を逆へ
フロントチェンジでボールは左に持ち替え。でも踏み込みは右へ

大きく強い一歩で抜く
右足のキックの強さが大切。ここで幅と距離を作って、追いつかせない

逆へ切り返す
ディフェンダーは身体の動きにつられるもの。そこで一気に逆へ切り返す

TOMOYAN'S CHECK

それぞれ分解して練習しよう

フロントチェンジの幅やフェイクのリアルさ、切り返しのキックの強さと大きさといった要素をそれぞれ分解して練習

GAME SKILL 13

シュートフェイク➡ドライブ

リアルなシュートフェイクで相手の重心を浮かせる

ブロックするディフェンダーの本能を逆手に取る。シュートをいかにリアルに見せるかがカギだ

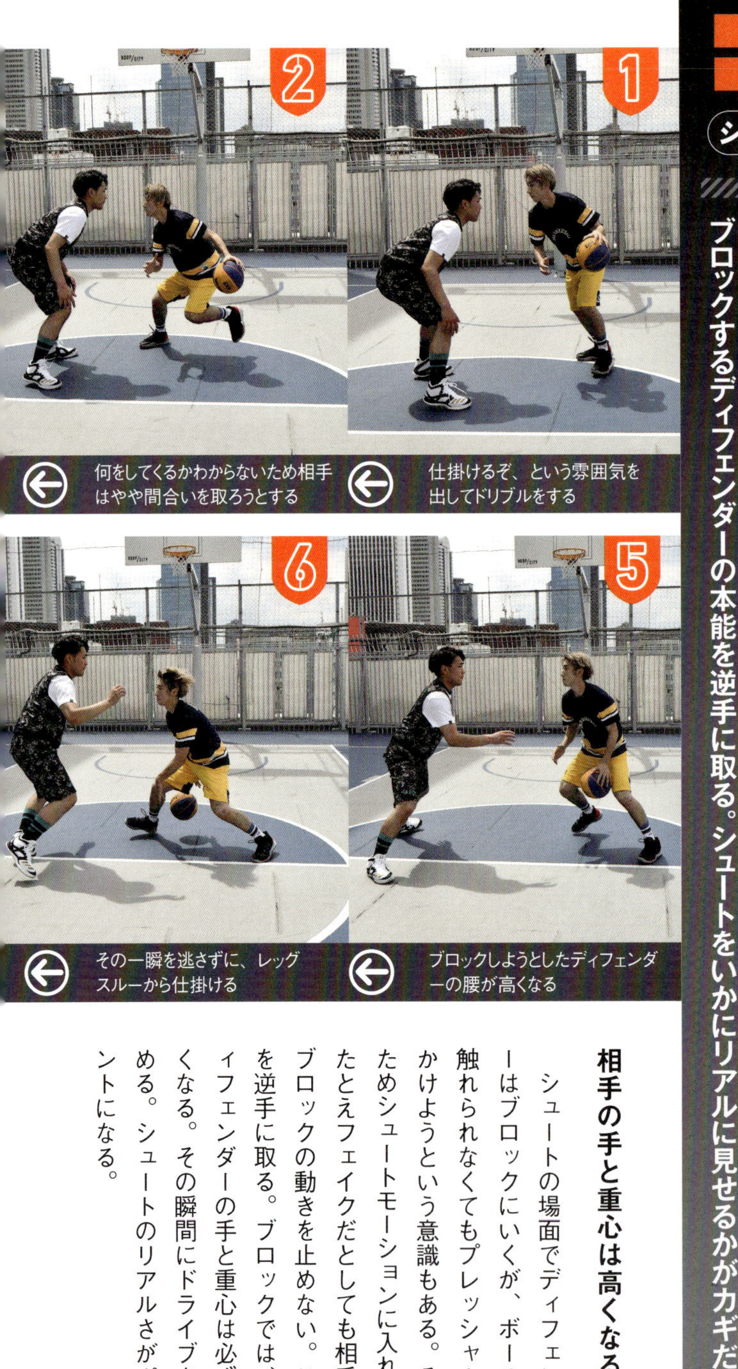

1 仕掛けるぞ、という雰囲気を出してドリブルをする

2 何をしてくるかわからないため相手はやや間合いを取ろうとする

5 ブロックしようとしたディフェンダーの腰が高くなる

6 その一瞬を逃さずに、レッグスルーから仕掛ける

相手の手と重心は高くなる

シュートの場面でディフェンダーはブロックにいくが、ボールに触れられなくてもプレッシャーをかけようという意識もある。そのためシュートモーションに入れば、たとえフェイクだとしても相手はブロックの動きを止めない。これを逆手に取る。ブロックでは、ディフェンダーの手と重心は必ず高くなる。その瞬間にドライブを決める。シュートのリアルさがポイントになる。

ディフェンダーが反応したところを
ステップバック

そのままジャンプシュートするぞ、
と両手で保持する準備を始める

腰が浮いたディフェンダーは
反応が遅れる

さらに加速して抜き去る

ステップバックのキック力

ステップバックの距離、強さ、スピードがあるほど、ディフェンダーは慌てることになる。蹴り足は、前に出るときも後ろに戻るときも大事な要素だともやんがガチで対戦!

VOL.01

この選手がヤバかった

テーブス海(かい)さん

日本で生まれ育ち、いまはアメリカのノースカロライナ大学ウィルミントン校で活躍。各年代の日本代表に選ばれていて、将来のNBA入りも期待されているポイントガード

SCORE 0-10（敗戦）

スピードも、強さもハンパない

とにかくすごかった。始まる前から勝算は2%と思っていたけど、それは1本目で打ち砕かれました。テーブス海くんのジャブステップを読み切って一度は止めたのに、弾き飛ばされて決められてしまいましたから。とにかく当たりが強い。筋肉量ではとてもかなわないし、体幹も抜群に強かったですね。そうかと思ったら、今度はテクニックとスピードでもバンバン抜かれてしまって。これは188cmの選手のスピードじゃないって！これが日本代表！まさにすべてが「レべち！」でした。

対戦動画をチェック!

PART2

試合じゃ使えないけど… いいね！ このテクニック

バスケの魅力は無限大！ やって楽しい、見て楽しい ともやんの神ワザ炸裂！

やって楽しい、見ても楽しい それならやらない手はない

いわゆる「バスケ選手の動き」というものがあるよね。PART1で説明してきたパワースタンスからのドライブやジャンプショットといったものがそう。こういう決まった動作には、相手は自然に反応する。そういう練習を積んできているからね。ところが、ここからまったく外れた動きをしたらどうなるだろう？ 戸惑うだろうし、油断をするかもしれない。僕はそれが楽しい。

僕はバスケをやっている人はもちろんだけど、やっていない人も楽しめる動画を作りたいと思っている。バスケをやっていない人に魅力を伝えたいからだ。そのひとつが「試合で使えないテク」だ。

それじゃさっそく、**GO FOR IT！**

HOOP/CITY
AKTR
AKTR

STREET SKILL 01

バックボード①

きょとん顔の相手を尻目にシュートを決める

「放り投げた！ シュート？ えっ？ なにしたの」。そんなディフェンダーの心の声を笑っちゃえ

POINT①

ディフェンダーの本能を逆手に取る

ディフェンダーはマッチアップしている相手の身体を追おうとする。相手がパスやシュートなどでボールを離せば、目でそのボールを追う。そんなディフェンダーの本能を利用する

1 ドリブルで抜くぞ、という雰囲気を出しておく

2 バックボードに向かってボールを投げる。ノーモーションで投げられるフックパスが最適だ

ボールに集中する相手を利用

ディフェンダーをちょっと混乱させたい。そんなときはこの技をおすすめしたい。バックボードに向かってボールを放るのだから、ディフェンダーは「えっ？なにしたの」となる。相手はボールを目で追おうとして、振り返ったときには、ボールが弾かれて戻っている。きょとん顔のディフェンダーを尻目に、シュートをしようと、ドライブしようと自由だ。相手がボールに集中する、その本能を利用する技がこれだ。

POINT❷

ドライブで誘ってから

いきなり投げるよりも、ドライブなどで左右に誘っておいて、目線をボールに引き付けておくとより効果的。初見ならほぼ引っかかる

3 ボールに注目しているため、ほぼディフェンダーはボールを目で追う

4 と思ったら、ボードにはね返って、戻ってきている

5 何が起きたのか把握できないうちに、シュートを打ってしまおう

STREET SKILL 02

バックボード②

後ろ向きに放り投げ相手をあざ笑う技

ディフェンダーに手を出す間を与えないように、フックパスの要領で横から投げる

POINT❶

「ロール」と見せかけて投げる

投げる前までの動作は、ロールと同じ。ディフェンダーはコースへ入ろうとする。ところが顔の前にボールが現れてびっくりする

1 リズムよくドリブル。そこからロールと見せかける

2 ディフェンダーはボールは下にあると思っている。ところが、顔の前に現れる

後ろ向きに放る

前ページの技に、もうひとひねり加えた意表技。動作の最初は、ロールをするかのような入り方。ディフェンダーは、目線を下げながら、足を使ってどちらにも対応できるように構える。ところがボールが出てくるのは顔の近く。しかもそのボールを後ろ向きに放り投げるのだから、思わず顔を避けたくなる。そして状況が飲み込めないディフェンダーをあざ笑うかのように、はね返ってきたボールをキャッチし楽々シュートを決める。

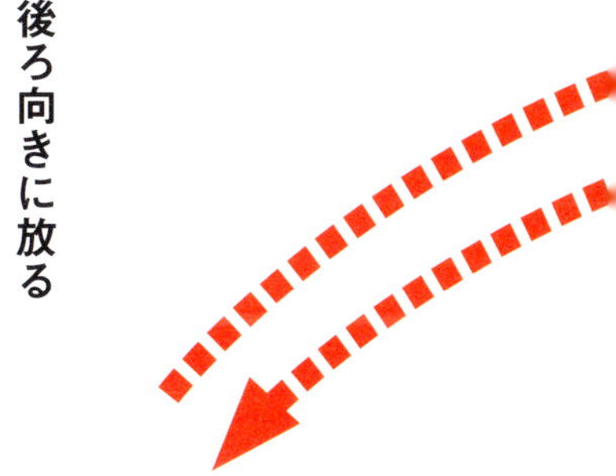

POINT❷

とにかく練習あるのみ！

後ろ向きにフックパスするのは、実はとても難しい。しかもミスしたら恥ずかしい技なので、絶対に決めたい。感覚をつかめるまで、とにかく練習あるのみだ

3 初見なら止められることはまずない。だからこそ自滅ミスだけは避けたい

4 何が起きたのかわからないまま、後ろに振り返る相手

5 はね返ってきたボールをキャッチして、すかさずシュートを決めてしまおう

STREET SKILL 03

バックボードフェイク

ロールしながら腕を振るだけど、ボールは投げない！

バックボードフェイクを知っている相手には、それを逆手に取ったフェイクもありだ

POINT❶

遊びで使おう

一度保持してからドリブルするのだから、ルール上は完全にダブルドリブル。この技は遊びで使おう

1 ドリブルを仕掛けるぞという雰囲気を出しておいて、ボールをロックする

2 動作はロールと同じ。でもボールはディフェンダーの顔の前に出てくるので、驚く

「ボールはどこ？」相手を困惑させる

バックボードを使ったフェイクに何度か引っかかった相手に使ってみよう。いくら意表を突いた技でも、何度か使っていれば、ディフェンダーは、予測したり反応が速くなったりしてくる。そうなると、バックボードから戻ってくるボールを奪われてしまうだろう。そこで裏の裏をかく技の出番となる。ロールしつつ後ろ向きに腕を振るが、手首を曲げてボールに引っかけるようにして投げない。ディフェンダーは「ボールはどこに行った？」状態だ。

試合で使ったら、ダブルドリブルか、その前にトラベリングか。どちらにしても試合では使えない。でも楽しい、魅せ技だ。

POINT❷

手の平と腕でボールを挟む

ドリブルを止めたとき、手首を鋭角に曲げて、手の平と腕でボールを挟む。こうすれば腕を振ったときに、外れない

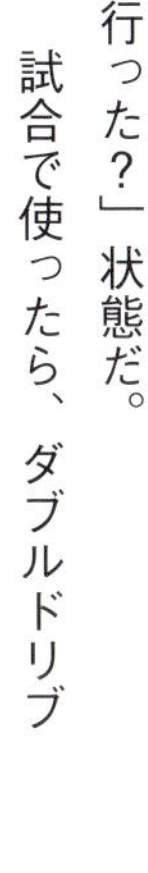

3　顔を背けているディフェンダーの頭の上を通過させる

4　腕を回した勢いのまま、再びドリブル開始

5　バックボードに投げるパターンを先に見せておけば、より効果的だ

STREET SKILL 04

股抜き

読まれなければ楽勝！実は簡単に狙える屈辱技

股下はほとんど守りようがない。試合では他の選手がいるので使えないのが残念

股下を見ていたらバレバレ。パワースタンスで、ドライブを仕掛けると見せかける

簡単、安全に狙える

サッカーのディフェンダーにとっては股下を抜かれるのは屈辱らしい。バスケットボール選手は、経験はないだろうけど、おそらく同じだよね。じゃあ、味わってもらっちゃおう(笑)。

バスケットボールは手でボールを扱うので、サッカーよりもずっと楽に股下を狙える。反応して手を出したとしても、股下でバウンドするボールには届かない。読まれさえしなければ、簡単、かつ安全なんだ。唯一の弱点は、普通のバスケットボールの試合では、選手同士の距離が近いので捕られてしまうこと。1on1でしか使えないのが残念だ。

POINT❶

狙っていると読まれたら負け

狙っているのが読まれれば、足を閉じられて終わり。これも他のテクニックと同様、同じ動作からスタートさせる必要がある

あとはボールを追いかけて、シュートを打つだけ

足が開いた瞬間に股下を通す

クロスオーバーやレッグスルーと同じ動作で始動するのが理想的だ

POINT❷

ドライブに反応させてから

ドライブで仕掛けると見せかければ、必ず両足が開く。その瞬間を狙うのが基本だ

STREET SKILL 05

玉乗り

気分はサッカー選手！ヒールリフトで魅せろ

「監督に見られたら怒られるよなぁ」なんて心配の声が聞こえてきそう。とりあえずやっちゃえ

POINT❷
相手が下がっているときが狙い
ディフェンダーが近いと、次のヒールリフトで手を出されてしまう。下がっているときが狙い目だ

POINT❶
長く乗る必要はない
ボールの上でバランスを取るのはそんなに難しくない。長く乗っている必要はないよ

スマートにドリブル再開だ

ボールに座るだけで怒られかねない部活じゃ、バスケットボールの上に乗って立つなんて絶対にできないよね。「監督に怒られるなぁ」って心配の声が聞こえてきそうだけど、魅せ技にそんなのは関係ない。とりあえずやってみてから考えよう。

ボールに乗ったあとは、サッカー選手なみのヒールリフトを決めて、スマートにドリブル再開。気分はサッカー選手だ。

1 魅せ技を発動

ディフェンダーが少し下がり気味のときが狙い目だ

2 ボールを静止させる

ドリブルを低く突いて、地面に置く。慌てずしっかりと静止させること

3 転んだらカッコ悪いぞ

魅せ技で転んだらカッコ悪い。しっかりとバランスを取ろう

4 両足で挟むように降りる

軽やかにボールから降りて、両足で挟む

5 ヒールリフトを練習

かかとを使ってボールを蹴り上げて、ドリブルを再開する

STREET SKILL 06
バックビハインド➡股抜き

相手の足を止めてから背後から股抜き

レッグスルーでスピードをゼロにし、ディフェンダーの足を止めたその瞬間がチャンス！

1 まずクロスオーバーを見せて、相手の左足を出させる

2 その状態からレッグスルーにつなげていく

5 狙いを定めて、股下にしっかりコントロールする

6 手首のスナップ、腕の振り、投げる角度など練習しよう

背後からコントロールする

バックビハインドをするように見せかけておいて、ディフェンダーの股抜きを狙ってみよう。ディフェンダーの立場からすると、通常ではありえない角度でバックビハインドを仕掛けるため、「あれ？」と思う。次の瞬間、自分の股の間をボールが通り抜けていく。

直前にレッグスルーを見せておいて、ディフェンダーの足を止めておくのがポイントだ。

ボールが身体の後ろに隠れるので
相手の足が止まる

これで相手の足は平行に開かれる。
これで一番通しやすい形になる

ボールに追いついたら、あとは
シュートを打つだけだ

ボールが強すぎると追いつけないので、
力加減を調整しよう

TOMOYAN'S CHECK

狙いをはずさない ように注意

身体の後ろから股下を狙うコントロールがカギ。しっかり練習してからチャレンジしよう。ミスして股間に当てたらケンカになっちゃうよ（笑）

STREET SKILL 07

タイムラプス

時間の流れの変化をレッグスルーで表現する

映像の世界で使われるタイムラプスを、バスケで表現してみる

1 レッグスルーを1回

まず左から右へレッグスルーを１回入れる

2 足を前後にステップ

右手に渡ったら、すばやく右足を前に出し、左足を下げる

CHECK

78ページのQR動画で動きをチェック！

見ている人を楽しませる技

長時間の動画を、倍速やインターバル再生するタイムラプス。見ている人に、時間の流れが変わったように感じさせる。これをバスケでもチャレンジ。

使うのはレッグスルーや足の入れ替え。一度のレッグスルーの間に、足を2回入れ替えるなどだ。この技で相手を抜いたり、出し抜いたりはできない。意味はないけど、見ている人を楽しませられる。これこそ魅せ技の真骨頂だ。

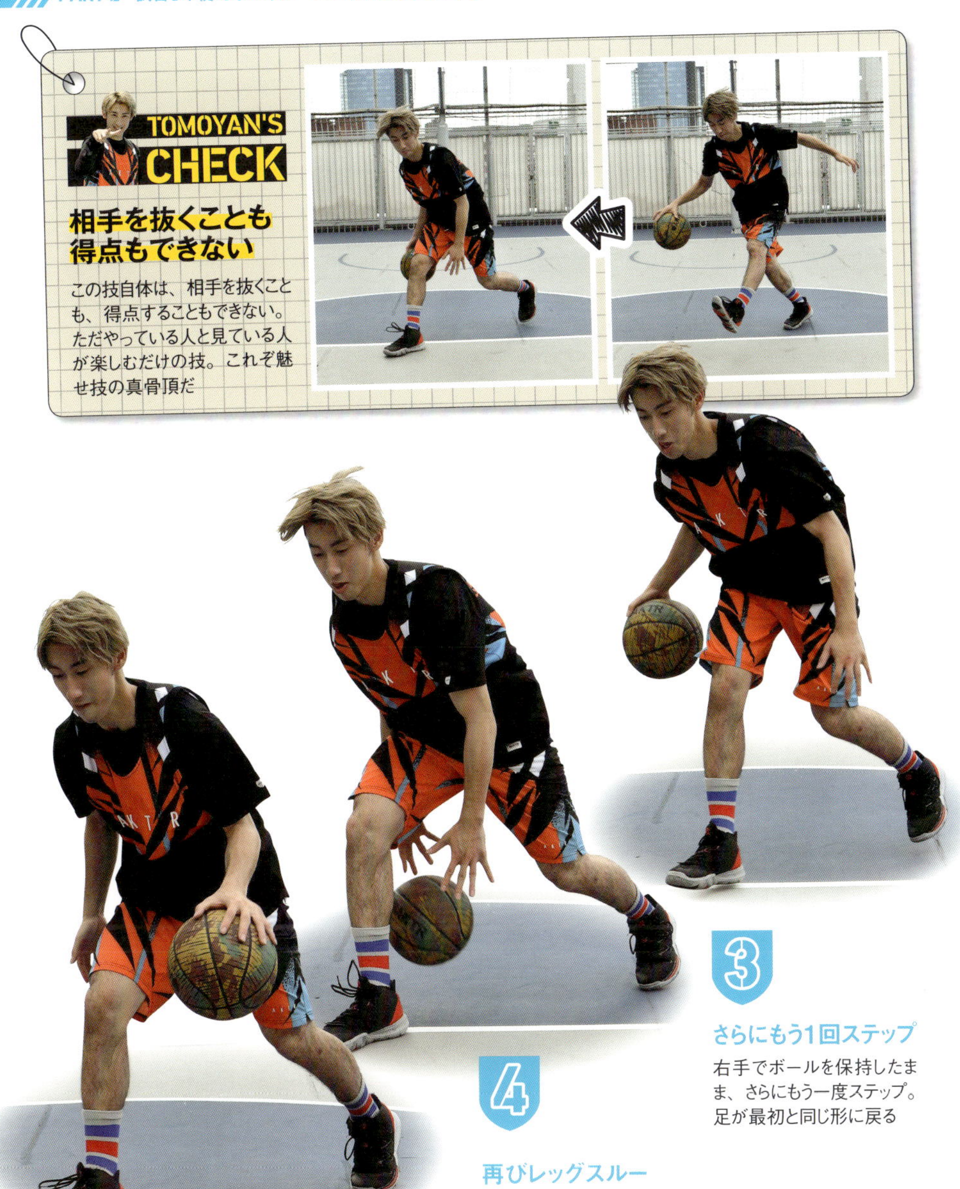

TOMOYAN'S CHECK

相手を抜くことも得点もできない

この技自体は、相手を抜くことも、得点することもできない。ただやっている人と見ている人が楽しむだけの技。これぞ魅せ技の真骨頂だ

3 さらにもう1回ステップ

右手でボールを保持したまま、さらにもう一度ステップ。足が最初と同じ形に戻る

4 再びレッグスルー

足はすばやく動かしているけど、レッグスルーは1回だけ

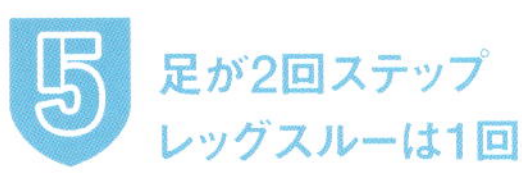

5 足が2回ステップ レッグスルーは1回

レッグスルーでボールが1回移動する間に足は2回ステップする

STREET SKILL 08

シグニチャームーブ①

ディフェンダーに背を向け戸惑わせてからターン

別名「メリーゴーラウンド」。背中を向けて、2度リズムを変える変則技だ

身体を反転

身体を反転させて相手に背中を向ける。この動作をゆったりするのがポイント

4 バックビハインド

背中を向けてバックビハインド。リズム変化と見慣れない動作に相手は戸惑う

1 ボールを横移動
1度ボールを横移動して相手の意識を引き寄せておく

2 レッグスルー
レッグスルーでリズムの変化をつける

CHECK
78ページのQR動画で動きをチェック！

6 一気に加速
あとは振り向いたら一気に加速するだけ

5 リズム変化
ここでも動作を一度ゆったりと落として、リズムに変化をつける

半ターン・半ターンのリズム

攻める側が自分からリングに背を向けてしまうなんて、通常はないことだよね。だからこそディフェンダーは一瞬戸惑う。「えっ？そこからなにするの」となったところを、一気にターンして抜いてしまおうという技だ。

まずはレッグスルーで仕掛けのきっかけを作る。そこから、後ろ足を軸にして動かさず、前足だけを引いてリバースターン。これでディフェンダーに背を向ける。ボールはバックチェンジで右手から左手へ。普通ならスチールが心配な位置関係だけど、ディフェンダーは戸惑っているから大丈夫。次の瞬間、さらに半ターンして一気に抜き去ってしまおう。

STREET SKILL 09

シグニチャームーブ②

予測不能の動作で相手を迷宮入りさせる

ディフェンダーに対して横向きでビハインドバックを入れるパターン

1 **まずはパワースタンスから**

クロスオーバー、レッグスルーなど何でもできるパワースタンスから

5 **戸惑う相手を置き去り**

見慣れないターンとリズムに戸惑う相手を置き去りにする

「何をするかわからない」が怖い

レッグスルーきっかけのテクを得意技としていれば、レッグスルーをしたとき相手は「何が来るか？」と身構える。ところが次の瞬間に間合いを詰めながら、リングに対して横向きの位置関係に姿勢を変える。これで相手は一気に迷宮に迷い込む。ボールはバックビハインドで持ち替えるが、相手はこちらが何をするかわからないため、スチールすることもできず、サラッと突破される。

レッグスルーへ

レッグスルーで自分のリズムに引き込む

リズムを変化

ここでゆったりとしたペースに落として、右足を前に出して横を向く

CHECK

78ページのQR動画で動きをチェック！

4

足の着地と合わせる

足が着地するタイミングで、ボールを突き、弾むようなバックビハインド

POINT❶

リズムの変化をつける

レッグスルーとバックビハインドの間に一度リズムをゆったりとさせる。このリズム変化がディフェンダーの隙を生む

STREET SKILL 10

シグニチャームーブ③

リングに向かわず隙を突いて急激なターン

「どこへ向かってドリブルするんだ?」と思った瞬間、いきなりバックビハインドからターン

3 バックチェンジ

相手に背を向けた形でバックチェンジ。これをゆったりとやることで相手の隙を生む

4 ボールに意識を向けさせる

ボールが左から右へ動くので、ディフェンダーの意識もそちらへ引き寄せる

1 コーナーへ向かってドリブル

リングではなくコーナーへ向かってドリブルを始める

2 相手に背を向ける

一度スピードを落として相手に背を向ける。何をするのかと、疑問に思わせる

CHECK
78ページのQR動画
で動きをチェック！

5 ボールだけを移動させる

バックチェンジの間、身体の動きはほとんどなく、ボールだけが移動する

6 鋭くターンしてシュートまで

バックチェンジが終わったら、左足を軸にして鋭くターン。シュートまで持っていく

コーナーに向かってドリブル

ドリブルは基本的にリングへ向かってするものだ。試合なら仲間を活かすためのドリブルもありえるが、1on1ではそれもない。だからコーナーへドリブルを始めた瞬間にディフェンダーは、「どこへ向かってドリブルしている?」と訳がわからなくなる。その瞬間にバックビハインドで持ち替える。これもボールがリングから離れていくから、なおさら戸惑う。

他の技と同じように、バックビハインドがディフェンダーに近いので、一瞬の隙を狙って決めてしまおう。そしてバックビハインドのとき、スピードをゼロにして、ターンから100に持っていくことも忘れないように。

STREET SKILL 11

ヘッドポンプ

真剣勝負では使っちゃダメ！おちょくり系ナンバーワン

真面目にビタビタとマークしている相手のおでこにコツン。怯んだ隙に抜いちゃおう

1 ふとした間を作る

ボールをすっと目の前に出して、ふとした間を作り出す

笑い合える友だちにどうぞ

ジャンプシュートも打たせないという意気込みでビタビタとマークしてきて、ちょっとウザい…そんなディフェンダーのおでこにコツン。真面目にディフェンスをがんばる選手ほど予想外の展開に怯むこと間違いなし！その隙に一気にドライブを決めてしまおう。

友だちとの１on１で使って、笑っちゃおう。真剣勝負では使わない方がいいかもね。

おでこにコツン

軽くおでこにぶつける。予想外の出来事にディフェンダーは怯む

戸惑う相手

どうしたらいいのか戸惑う相手を尻目に、ドライブ、シュートなど何でもできる

STREET SKILL 12

リフティング

シューズの先でボールを蹴りたたいちゃおう

弾んでいるボールの勢いが弱くならないように、シューズのつま先でたたく。気分はサッカー選手だ！

1 行くぞ、抜くぞ、と圧力をかけてディフェンダーを警戒させる

2 足を外から回し込んで、ボールをまたぐ。バスケにない動きに相手は戸惑う

つま先キックを練習だ

ボールをまたぎ、はね返ってきたところを足の甲で蹴って、もう一度ボールを弾ませる。レッグスルーと違って、右手でドリブルしたボールを右足でまたぐ。レッグスルーとは違う動き。近いのは、昭和の女の子がやっていた、まり突き？ 試合で使えないテク定番の、最初の予想外の入り方にディフェンダーが戸惑うパターンだ。

バスケットボールは練習しても、サッカーはあまりやっていないよね。玉乗りからのヒールリフトもそうだけど、つま先でうまく弾ませるのが習得上の壁になるはず。「ボールを蹴っちゃダメ」なん堅いこと言わないで、サッカーも練習してみて。楽しいから。

後ろ足のつま先で、弾んだボールをさらに蹴り叩く

ボールが弾んでくる角度を確認しつつ、後ろ足を準備する

POINT

リズムよくボールをたたく

リズムよくステップを踏みながら行おう。ポイントは軸となる足でボールをまたぎ、逆の足でボールをたたきつける動作だ

STREET SKILL 13

シュートフェイク

わきの下から背中側にボールを回していく

「シュートフェイクに引っかかっちゃった」と思っているディフェンダーに追い打ちをかけちゃえ

1 シュートフェイクをリアルに

スピードあるドライブからシュートフェイク。これをリアルに見せるのが成功のカギ

4 ボールを後ろに上げる

手首のスナップを使って戻す

2 ディフェンダーがブロック
ブロックしようとしたディフェンダーの腰が浮く

3 ステップインに見せる
ディフェンダーの脇の下からボールを回し込む

5 ディフェンダーはボールを見失う
本来なら、わきの下からボールを通されることはないので、見失うこと必至だ

まずはシュートフェイク

ディフェンダーのわきの下から背中側にボールを回していって、手首のスナップで頭上から山なりに戻す。ディフェンダーがボールを目で追って振り向いたときには、もう手元に戻ってきている。あとは楽々とジャンプシュートができる。まずはディフェンダーをシュートフェイクに引っかけないことには始まらない。リアルで、思わずブロックをしたくなるシュートフェイクを決めよう。

STREET SKILL 14

空ロール

ボールを弾ませながらその場でクルクル！

「あれ、ハンドリングミスした？」そんなことない。これもディフェンダー惑わしテクだ

1 強くボールを突く
いつもよりも強めにボールを弾ませておく

POINT
回転は素早く
ゆっくり回転したら相手に簡単にボールを奪われてしまう。素早く回転すれば手も足も出ない

その場で空ターン

ボールが弾んでいる間に、その場で空ターンをする

さらにもう半回転

軸を安定させて、すばやくさらにもう1回転する

1回転半でキャッチ

空ターンを1回転半したところで、ボールをキャッチする

ターンとドリブルの強さを調整

ターンをするスピードとボールが弾んでくるタイミングが合わないとキャッチミスしやすい

ボールを遠い位置に置く

ボールを弾ませておいて、その場でクルクルと1回転半。初めて見るディフェンダーは、何が起きているのかわからない。ハンドリングをミスしたのか？とも思うかもね。

反射的にボールを奪おうとして手を出してくるディフェンダーがいるかもしれない。そこでディフェンダー⬇自分の身体⬇ボールという位置関係にしておくこと。これならもしボールに向かって出てきても、先にキャッチしてどちらにもかわせる。

すばやく回転するので、目が回らないように注意。回っているときにボールを目で捉え続けるのがコツだよ。試してみて。

STREET SKILL 15

背中を回す

ディフェンダーの視界からボールを消しちゃう技

投げるふり。その腕の動きからすると、予測できない方にボールが落ちている

腕のひねりと、手首のスナップ

バックボードのフェイクとセットで使いたいテク。バックボードフェイクを知っているディフェンダーなら、はね返ったボールを捕ろうとして慌てて振り返る。でも視界にはボールはない。

ディフェンダーの背中側で腕をひねって、さらに手首のスナップを利かせてボールを外へ弾き出すようにする。腕のひねりに逆らわないで、身体は逆にターンさせるのがポイントだ。

1 ボードフェイクを見せておく

一度でもボードフェイクを見せた相手に有効な技

5 ボールを見失わせる

ボードに放り投げたと思っているディフェンダーを置き去りにして何でもできる

フックパスのフェイク

フックパスでボードに向かって投げるフェイクをする

3 手の平と腕で挟む

手首を曲げて、手の平と腕の間にボールを挟んでおく

身体を反転させて落とす

ボールを背中側に落とす。腕をひねって、身体の回転と逆になる

POINT

相手からボールを隠す

相手の視野を意識しながら、視界から外すようにボールを動かしていこう

STREET SKILL 16

山なり

背中側から手のひらでボールをすくい上げる

ボールは必ず落ちてくるもの。その常識を破ったトリッキーフェイクの決定版

相手の頭上を山なりで越す

レッグスルーでディフェンダーの注意を引いてからが勝負だ。相手は、レッグスルーが終われば、次のドリブルが始まると思い込んでいるはずだよね。空中にあるボールは必ず落ちてくるから当たり前だ。ところがそれを、背中側から手のひらでボールをすくい上げるようにして、ディフェンダーの頭上を山なりで越す。ボールが出てこない。あり得ないボールの動きに、ついてこられないはずだ。

1 テンポよくレッグスルー
小さなレッグスルーを何度か入れて、ディフェンダーの意識を下に引き寄せる

4 ボールを追う
ボールを見失ったディフェンダーを置いて、ボールを追いかける

2 ボールを背中へ

下に引き付けられたら、下からボールを背中へ回す

3 手首のスナップで頭を越す

通常は背中から上に出てくることはないので、ディフェンダーはボールを見失う

POINT

スナップの力加減が大事

手首のスナップを利かせて、低めの山なりを描くようにしよう。かといって強すぎると追いつけない。その力加減を練習だ

わざと転ぶなんて誰が考える？相手の隙をついてシュートまで

「大丈夫？ 足ひねったかもよ？」なーんてね。相手が完全に気を抜いた隙にシュートを打っちゃえ

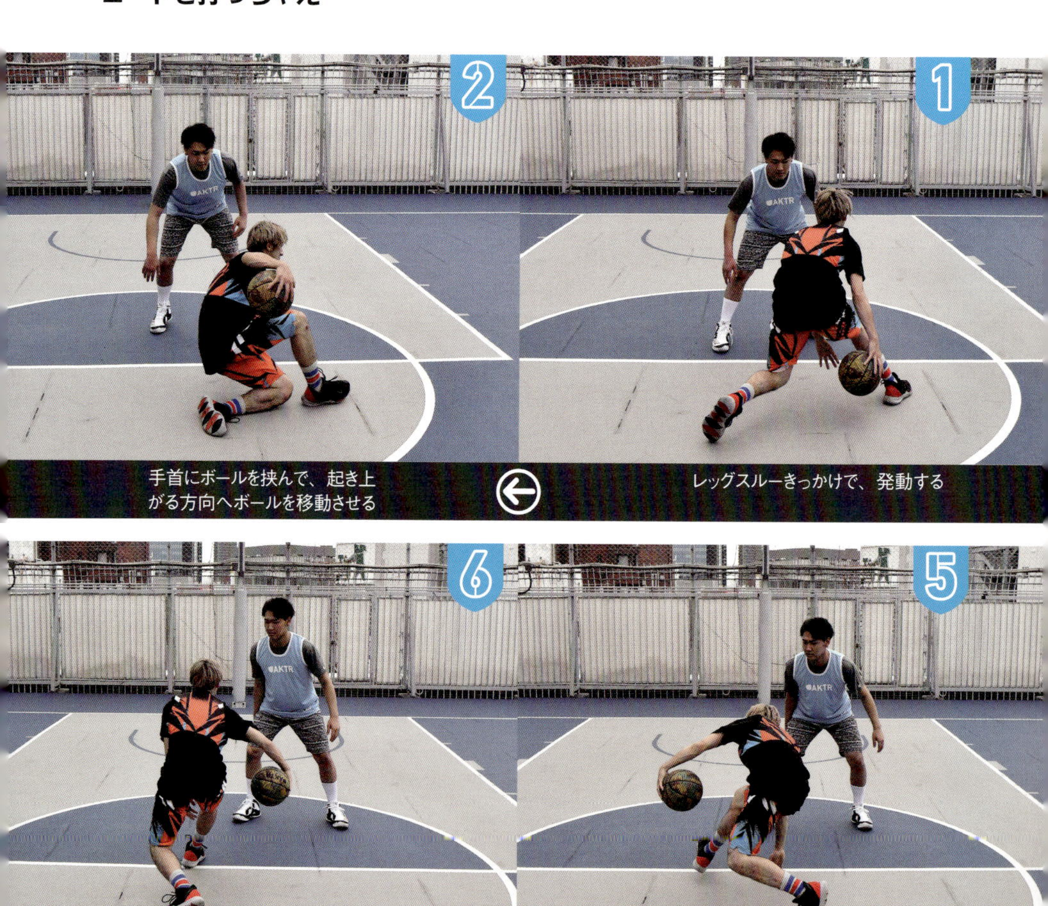

1 レッグスルーきっかけで、発動する

2 手首にボールを挟んで、起き上がる方向へボールを移動させる

5 スムーズに立ち上がり、ボールを叩いてドリブルを再開する

6 続けるのか、中断か、ディフェンダーはもう訳がわからない

卑怯だって? 油断は油断だ

試合中に、コートの床に落ちた汗などで、足を滑らせることがある。バスケットボールは急なストップ&ゴーを繰り返すから、不意に転ぶと、足首やヒザをひねったりして、とても危険だよね。ディフェンダーも、実際の試合ならボールを奪って速攻を狙おうとするだろうけど、1on1ではまず心配するよね。心ある人なら間違いない。

ディフェンダーが完全に気を抜いている。この隙をついて、すばやく立ち上がってシュートしてしまえ! 「心配してくれているのになんてことだ!」って? これを笑ってくれるかどうかは、普段のキミの行い次第だよ。

3 お尻を着いて横に転がる

4 相手は足を滑らせた? どうした? と不思議がるはず

7 戸惑っているディフェンダーは何もできない

8 シュートを狙ってしまおう

ともやんがガチで対戦!

VOL.02

この選手がヤバかった

山梨 歩(あゆみ)さん

高校時代にU18日本代表に選出。拓殖大学では、キャプテンを務め、関東大学リーグ1部で優勝。インカレではベスト4に輝いた。ポジションは、ポイントガード。

SCORE 10－4(勝利)

うまくズレを作り出してくる

当時、現役の大学生ポイントガードで、ドリブルのテクニックがすばらしかった。何がすごいかっていうと、身体を半分とか、4分の1とか、ズレを作り出してくる。その瞬間に、ドライブを仕掛けたり、ジャンプシュートを狙ったりしてくるんです。そういうことができるのは、体幹ができ上がっている証拠だと感じました。お互いに相手のシュートを防ぎ、いい対戦でした。結果的には少し得点差をつけて勝てたけど、とても手強い相手として印象に残っています。

対戦動画をチェック!

PART3

バスケ部あるある

上下関係が厳しいのが、バスケ部の掟。監督から叱られ、先輩からいじられるのが下級生の役割だったりするわけで……

Lazy Lie Crazy
【レイクレ】で観てみよう

補欠もチームにとって不可欠な存在。彼らがいなければ、チームは強くならない。愛すべき男、補欠川(ほけつがわ)の3年間。

試合終了

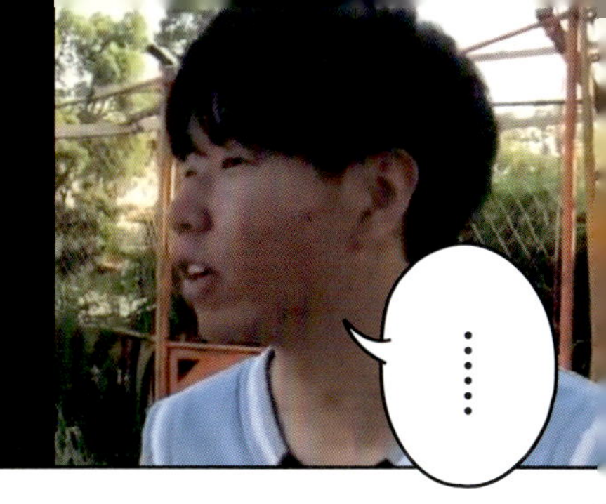

次の試合

Lazy Lie Crazy
【レイクレ】で観てみよう

バスケ部の監督をといえば、熱血漢で練習が大好き。そして何かにつけて「帰れ!」が口癖だったりする。

新入生を前に

お前らにちょっと聞きたい

バスケをちょっとやってみようかなという気持ちで来ているやつ

ちょっと手を挙げてみろ

全員帰れ!

本気でバスケしてるねん、こっちは

ちょっとでも弱音吐いたやつ、すぐにやめさすからな

ドドーン

あるある 入学のとき、めっちゃ脅してくる

練習試合、疲れた～

でもまだ1時やで

遊びに行けんな、今からまずサイゼ行って、ゲーセンで……

ワイワイ

監督登場

お疲れ～今日、ちょっと甘かったな

1時半から練習な。弁当今のうちに食っとけよ
……
シーーン
あるある 試合後練習とか言い出す
今日練習だるいな～
めっちゃ眠い
監督登場
おいおいおいおい、補欠川！

たるみ切ってる。もうええわ、帰れ！
どうする？
キャプテン、謝りに行ってくれや

Lazy Lie Crazy
【レイクレ】で観てみよう

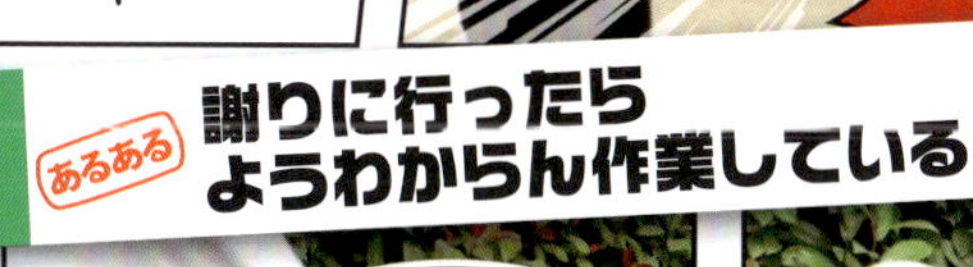

あるある 謝りに行ったらようわからん作業している

監督すいま……
バサッ

先輩というだけで無条件で威張れると思っていたりする。中学3年から高校1年になるとき、その理不尽さに気づく。

1年準備遅いってぇ

1年準備遅いってぇ！

監督に挨拶に行った？

はい……

俺らの代、30分前行動やぞ！

Lazy Lie Crazy
【レイクレ】で観てみよう

ともやんがガチで対戦！

VOL.03

この選手がヤバかった

岸田篤生(あつき)さん

現在、西宮ストークスに所属する現役Bリーガー。対戦した当時は、京都ハンナリーズに所属していた。ドライブも、3Pも得意とするポイントガード。

SCORE 10－3 （勝利）

PGに収まらないプレーの幅

3人目は、当時京都ハンナリーズに所属していた岸田篤生さん。大学に入ってから、関西大学バスケリーグを見に行ったとき、群を抜いて上手いなと感じたポイントガードです。ポジションは、ポイントガードなのに、プレーの幅は、ポイントガードに収まっていない。ドライブはできるし、仲間をうまく使うこともできる。3Pも打てる。この対決でも、いきなり3Pを決められてしまいました。でも、いいところで「メリーゴーランド」が決まったのが勝因ですね。

対戦動画をチェック！

PART4

Tomoyan's Advice

ともやんが、バスケの悩み解決します！

QUESTION 01

バスケがうまくなりたい！一番大切なのは何ですか？

練習しなければうまくならない。でもその練習をどうやってやるかで差が出るんだ！

負けず嫌いであれ

実は僕は、絶対にバスケがうまくなりたい！と思って練習していたわけではない。むしろ好きじゃないのにやらされている、という気持ちがあったくらいだ。それでも高校3年間、そして環境を変えながらいまも続けられているのは「負けず嫌い」だったからだと思う。これはスポーツ選手にとってとても大切な要素だ。

その上で、バスケがうまくなるためには、となると……。

ANSWER

「考えろ！」ということ！

冷たく突き放しているわけじゃないよ（笑）

同じ練習をするにしても、何も考えないでやるか、いろいろと考え、工夫しながらやるかによって、大きな差が出る。だから「考えろ」というのが答え。

どうやって考えたらいいかって？ それは人それぞれ。だってみんなできること、できないことは違う。こうやって考えろ、その通りやれ！と言われるままにやったら、それは結局考えてない、ということになってしまう。ただ、やり方はアドバイスできる。僕はメモをよく取っていた。誰かと話をしていて、この考え方はいいなとか、こういう練習を今度試してみよう、と思ったことは忘れないようにするんだ。

そして、やがて他人の意見に左右されない軸のようなものができたら、きっと個性的ないい選手になっているはずだ。だから、それまで考え続けろ！

QUESTION 02

バスケは好きだけど辛い。ときどきやめたいって……

確かに内臓が飛び出るほど走ったときなんか、
そう思っても仕方ないね

僕もやめたいと思っていた

僕もバスケは中学でやめたいと思っていた。高校に進学するとき、スポーツ推薦で入ってしまうとバスケから離れられないと思って必死に勉強したくらい。最初は偏差値30だったけど、3か月間泣きながら勉強して60になった。でも結局、高校でも続けることになったんだけどね。

高校でもずっとやめたいと思っていた。そんな僕がバスケを続けられたのは……。

ANSWER

1人で悩んでも仕方ない

バスケはチームスポーツ。仲間がいるじゃないか

高校に入ったとき、先輩にも同級生にもすごい選手がいっぱいいた。素直に「すごいな」と思う選手がゴロゴロいたんだ。だから僕は辞めたいと思ったとき、そういう仲間に「やめたいんだけど」と言ってしまったことがある。言葉にするとすっきりする。バスケはチームスポーツなんだから、仲間を頼らないとね。自分１人で悩んで、１人で解決しようとするのが一番よくないと僕は思っている。

QUESTION 03

小学生にもできるおすすめ練習法は?

確かにいきなり大人と同じことを
やろうとしてもムリがあるよね

まずは基礎練習をやろう

ハンドリング技術を高めたいと思っても、基礎ができていないとなかなかうまくいかない。そこで小学生のうちは難しいことをやるよりも、基本的なことを一生懸命やればいいと思う。

練習法とは違うけど、人のマネをする、というのは実はとても奥深いことなんだ。誰でも憧れの選手がいるでしょう。その選手のいいところをマネする。完璧にコピーするためには、よく見なければならない。その上で、どうしてできるのか、と考えるクセがつく。「考える」ためのトレーニングにもなる。

その上で、僕が小学生時代にやっていた練習はというと……。

壁ドリブルと両足の蹴り出しトレ

小学生のうちから身につけておけば、大きくなってから必ず役に立つものを紹介しよう。僕が小学生のとき、監督から言われてよくやっていた練習は2つ。「壁ドリブル」と「両足の蹴り出し」だ。

壁ドリブルは、1人で簡単にできるし、指先の感覚を養えるし、手首のスナップを強くできるので、一番のおすすめ。それと両足の蹴り出し。走り出すとき、片足を引いてから走るクセがついてしまうと直すのに苦労する。だから、早い段階から取り組んでほしい。

一方で、いまとても大事だと思っている体幹のトレーニングは、小学生の頃はやっていなかった。体幹をやり始めたのは高校生のとき。だから小学生はやらなくていいというわけではないけど、筋トレを一生懸命やるよりは、体幹の方がおすすめというくらいのイメージかな。とにかく、小学生は基本的なこと。それでOKだ。

QUESTION 04

身長が小さいです……
ボクは向いてないかな？

確かにバスケットボールは身長が高いと、
あれもこれも有利なことばかりだよね

僕ももっと背が高ければ

僕ももっと身長がほしかったなぁ。僕はポイントガードだったけど、それでももう少し身長があれば、楽にプレーできるのにと思うことがある。身長があるということは、手足も長いということ。届かないと思うところまで手が伸びるし、1歩も大きくなるし。いいことばかりだよね。

でも僕もこの身長でバスケをやっている。どうすればいいのかって……？

ANSWER

ないものをねだるよりも

「自分の武器を活かせる」とプラスに考えればいい

身長が低いのを嘆き、高くなりたいと願っても仕方のないこと。そんなことに悩むよりも、どうすればそのマイナス面をプラスに変えられるかを考えよう。

大きい選手は、えてして動きは速くない。身長が低い分、スピードで上回ればいい。リーチが長いのなら、さらにその先まで動けばいい。1歩で負けるなら、こちらは2歩出ればいい。

そういうふうに弱点を補う意識で練習していると、いつの間にかそれが自分のストロングポイントになってくるかもしれない。弱点の裏返しを、自分の武器にするつもりでやってみようよ。

QUESTION 05

ともやんの将来のビジョンは?

いま大学4年生。同級生たちは、
そろそろ就職活動が気になる時期だけど

いまはユーチューバーだけど

僕はいま大学4年生。就職が気になる時期になっている。結論から言ってしまうと、僕はどこかの企業に就職しようという気はない。

それじゃバスケ動画をメインとするユーチューバーとして生きていこうとしているのかというと、そういうわけでもなくて……。

ANSWER

やりたいことはたくさん

「こいつの人生楽しそうだな」と思ってもらいたい

とりあえず直近のやりたいことは、Bリーグとのコラボ。これはもうすでにいろいろと動いている。僕の動画はバスケをやっている人、バスケが好きな人だけが観ているわけじゃないから、それ以外の人にもBリーグを知ってもらえるきっかけになるはず。もっとBリーグの選手たちがフォーカスされるきっかけになりたい。これについては自分がやらなくて誰がやる、というくらいの意識でやっている。

Interview
巻末インタビュー

「バスケといえば、ともやん」と言われる存在になりたい

ユーチューバー集団Lazy Lie Crazy（通称・レイクレ）のメンバーとして、1on1対決動画が大人気。日本人初の1億円プレーヤー・富樫勇樹選手との対決は、300万再生に迫る勢いだ。そんな、ともやんの将来の夢は？ そしてそもそもバスケットボール・ユーチューバーとなった原点とは？

バスケに興味がない人にも
おもしろいと思ってもらえる
きっかけを作りたい

考えているよりも行動することが大事

――ともやんのフォロワーから「この本の中で、ともやんに聞いてほしいこと」を募ったところ、「将来のビジョンはありますか？」という質問がありました。これについてQ＆Aのコーナーでは話しきれなかったことがあるそうですが。

ともやん　僕にとって一番大きな目標なんですが、誰からも「バスケといえば、ともやんだよね」と言われるくらいの存在になりたいと思っているんですよ。

――いきなり壮大な夢ですね。ただ壮大すぎて、私にはまったくイメージができません。

ともやん　僕は元々は、こんなことを言うタイプではなかったんですけどね。心の中では野心というか、燃えるものがあったとしても、言葉にする前に周りを気にするタイプでした。

――性格が変わるきっかけがあったのですか？

ともやん　大学に入ってから、何かやりたいとは思っていたけれど、何もないままあっという間に1年がたってしまいました。そんなときユーチューブに動画を投稿しようと決めました。これをやろうと決めたときに、考えているよりも行動することが大事だということに気づきましたね。これで、もう何も怖いものはないというか……。

――元々ウインターカップでベスト8という実績がある選手が、ユーチューバーになったということで、評判がよかった。それが自信になったということですか。

ともやん　それがまったく逆なんですね。高校の全国トップレベルの選手が、趣味のような遊び動画をアップするということはそれまでなかったようです。僕が初めてだった。だから最初のうちは批判が多かったんです。「あのときはカッコよかったのに……残念です」的な（笑）。

――そういう批判を乗り越えて、人気が出たことで精神的に強くなったということですか。

ともやん　僕は行動してみた。批判する人は、うまくいったときには、手のひらを返します。「ほらみろ」という感じですね。

――「バスケットボールといえば、ともやん」という大きな夢をさらりと語ることも、成功して見返してやろうじゃないか、ということなんですね。

ともやん　うまくいけばもちろんいいと思ってやっているけど、もしうまくいかなかったとしても、笑った人は何も覚えていませんよ。そういうものだと思ったら、怖いものはなくなったということですね。

――とはいえ「バスケット

ウェア展開、コート運営。そして、先の夢はBリーグのオーナー

ボールといえば、ともやん」への道は、まだスタート地点に立ったばかり。今後の展望は？

ともやん　当面の目標として、Bリーグとのコラボを成功させて、バスケットボールに興味がない人の間にも広がりを作っていきたい、というところまではQ＆Aで話をしましたね。

バスケットボールに興味がない人にもおもしろいと思ってもらえるきっかけを作るには、まず一度試合を見てもらわないことには始まりません。会場の熱であったり、音であったりを、五感で感じることで、テレビでは得られない体験が得られます。

GAME
KTR

気持ちを楽に
変な緊張はしない
いつも通りやればいい、
だから
強い気持ちで戦えた

そして少しでも興味を持ってたら、選手でもチームでもいいから、ストーリーを追ってもらいたい。僕はいままでも高校バスケを会場まで観に行くのですが「ここで負けたら引退」をかけて戦っている姿というのは特別です。僕にとっては高校バスケットボールが原点ですから、その感覚を忘れないためという意識もあります。

そして数年単位のイメージとしては、バスケットボールウェア展開。ウェアはおしゃれにもなるものだと思っているので、そういうブランドを展開したいと考えています。それと海外のストリートコートをたくさん見て勉強して、日本で理想のコートの運営をしたいとも考えています。そしてもっと先の夢は、Bリーグのチームのオーナーになりたいと思っています！

青春のクライマックス
洛南戦の一体感

――高校時代が原点という話が出ましたが、やはりウインターカップでの洛南戦は特別な思い出ですか？

ともやん 僕の出身校は大阪の近畿大学附属高校。京都の洛南とはベスト8をかけて戦ったのですが、大阪代表が京都代表を破ったのが40数年振りという話を聞きました。

――勝算はどれくらいありましたか？

ともやん その前に、どこ

洛南戦がなかったら いまの僕はない 僕にとっての原点

だかで洛南と対戦したときには、30点差で負けていたんですね。普通にやったら勝てる相手ではありません。前日の宿舎では、荷物をまとめて帰る準備をしていました（笑）。楽しめばいいや、というくらいの気持ちでした。

——でもそれでは、試合に入って闘志のようなものが出ない気がします。帰る支度をしていたら、そういう部分がプレーに出てしまいそうな気がするのですが。

ともやん　気持ちを楽にして戦う、変な緊張はしない、いつも通りやればいい。そのときは、そういう気持ちがいい方に出たんでしょうね。楽な気持ちでいながら、試合に入ったら「絶対に勝つ」という強い気持ちで戦えたんですよね。

　力の差から言えば、こちらが１００％力を出しきっても勝てないような相手です。それに試合には流れがありますから、１００％出し続けることなんて本当はできない。ミスが出ればテンションが下がる。そうなったら相手の思うつぼです。でもこのときは仲間のミスがあっても、他の選手が助けるんだという仲間との一体感がありました。そして仲間がどう動きたいか、何をしたいか、そういうことをすべて理解し合っていた。組織力ではどこにも負けない。自分たちが日本一だと思えました。次の試合は惨敗しましたけど、悔いはありませんでしたね。

——まさにドラマや映画のクライマックスが洛南戦だったんですね。

ともやん　洛南戦がなかったら、いまの僕はないと言い切れます。いまの僕にとっての原点が洛南戦です。ちょっとやぼったく言えば、あれが青春だったんだなと、振り返ることがいまでもあります。

ともやん

1997年9月23日生まれのユーチューバー。本名は嶋津友稀。3人制バスケットボールプロリーグ「3×3.EXE PREMIER」に参戦する「OSAKA DIME.EXE」所属のプロバスケットボール選手。近畿大学在学中。チャンネル登録者数28万人超えの人気YouTubeチャンネル「Lazy Lie Crazy【レイクレ】」のメンバー。2018年12月にはバスケメインのチャンネル「ともやん【レイクレ】」をスタートし、2019年7月にはチャンネル登録者数10万人突破。近畿大学附属高校では、大阪の4大会で4冠。大阪選抜少年の部代表入り。同年にインターハイ、ウインターカップで大阪代表入りなど、全国大会出場の経験も持つ。

撮影　高波邦行（カバー, P1〜9, P22-24, P132〜143）
勝又寛晃（P10, P26〜71, P74〜109, P122〜131）
島本絵梨佳（P19〜21）
デザイン　三國創市（多聞堂）
制作　城所大輔（多聞堂）
編集協力　大久保 亘
取材協力　HOOP CITY 新宿アルタ店
unicourt
校正　麦秋アートセンター

ともやんと一緒(いっしょ)に学(まな)ぶ テクニック編(へん) #バスケを楽(たの)しめ

2019年９月12日　初版発行
2020年３月５日　４版発行

著者／ともやん

発行者／川金 正法

発行／株式会社KADOKAWA
〒102-8177　東京都千代田区富士見2-13-3
電話 0570-002-301（ナビダイヤル）

印刷所／大日本印刷株式会社

●お問い合わせ
https://www.kadokawa.co.jp/（「お問い合わせ」へお進みください）
※内容によっては、お答えできない場合があります。
※サポートは日本国内のみとさせていただきます。
※Japanese text only

定価はカバーに表示してあります。

ISBN 978-4-04-896590-3　C0075